TRANZLATY

El idioma es para todos

Jezik je za sve

El llamado de lo salvaje

Zov divljine

Jack London

Español / Hrvatski

Hacia lo primitivo
U primitivno doba

Buck no leía los periódicos.
Buck nije čitao novine.
Si hubiera leído los periódicos habría sabido que se avecinaban problemas.
Da je čitao novine, znao bi da se spremaju problemi.
Hubo problemas, no sólo para él sino para todos los perros de la marea.
Nije bilo problema samo za njega, već za svakog psa s plime.
Todo perro con músculos fuertes y pelo largo y cálido iba a estar en problemas.
Svaki pas jakih mišića i s toplom, dugom dlakom bit će u nevolji.
Desde Puget Bay hasta San Diego ningún perro podía escapar de lo que se avecinaba.
Od Puget Baya do San Diega nijedan pas nije mogao izbjeći ono što ga je čekalo.
Los hombres, a tientas en la oscuridad del Ártico, encontraron un metal amarillo.
Muškarci, pipajući u arktičkoj tami, pronašli su žuti metal.
Las compañías navieras y de transporte iban en busca del descubrimiento.
Parobrodske i transportne tvrtke su jurile za otkrićem.
Miles de hombres se precipitaron hacia el norte.
Tisuće muškaraca jurilo je u Sjevernu zemlju.
Estos hombres querían perros, y los perros que querían eran perros pesados.
Ti su muškarci htjeli pse, a psi koje su htjeli bili su teški psi.
Perros con músculos fuertes para trabajar.
Psi s jakim mišićima za naporan rad.
Perros con abrigos peludos para protegerlos de las heladas.
Psi s krznenim kaputom koji ih štiti od mraza.

Buck vivía en una casa grande en el soleado valle de Santa Clara.

Buck je živio u velikoj kući u suncem okupanoj dolini Santa Clara.

El lugar del juez Miller, se llamaba su casa.

Zvala se kuća suca Millera.

Su casa estaba apartada de la carretera, medio oculta entre los árboles.

Njegova kuća stajala je povučena od ceste, napola skrivena među drvećem.

Se podían ver destellos de la amplia terraza que rodeaba la casa.

Mogla se vidjeti široka veranda koja se proteže oko kuće.

Se accedía a la casa mediante caminos de grava.

Do kuće se dolazilo šljunčanim prilazima.

Los caminos serpenteaban a través de amplios prados.

Staze su se vijugale kroz prostrane travnjake.

Allá arriba se veían las ramas entrelazadas de altos álamos.

Iznad njih su se ispreplitale grane visokih topola.

En la parte trasera de la casa las cosas eran aún más espaciosas.

U stražnjem dijelu kuće stvari su bile još prostranije.

Había grandes establos, donde una docena de mozos de cuadra charlaban.

Bile su tu velike štale, gdje je desetak konjušara čavrljalo

Había hileras de casas de servicio cubiertas de enredaderas.

Bili su tu redovi kućica za sluge obloženih vinovom lozom

Y había una interminable y ordenada serie de letrinas.

I postojao je beskrajan i uredan niz vanjskih pomoćnih zgrada

Largos parrales, verdes pastos, huertos y campos de bayas.

Dugi nasadi vinove loze, zeleni pašnjaci, voćnjaci i nasadi bobičastog voća.

Luego estaba la planta de bombeo del pozo artesiano.

Zatim je tu bilo crpno postrojenje za arteški bunar.

Y allí estaba el gran tanque de cemento lleno de agua.

I ondje je bio veliki cementni spremnik napunjen vodom.

Aquí los muchachos del juez Miller dieron su chapuzón matutino.

Ovdje su se dečki suca Millera okupali ujutro.

Y allí también se refrescaron en la calurosa tarde.
I rashladili su se tamo u vruće poslijepodne.
Y sobre este gran dominio, Buck era quien lo gobernaba todo.
I nad ovim velikim područjem, Buck je bio taj koji je vladao cijelim njime.
Buck nació en esta tierra y vivió aquí todos sus cuatro años.
Buck je rođen na ovoj zemlji i ovdje je živio sve svoje četiri godine.
Efectivamente había otros perros, pero realmente no importaban.
Doista je bilo i drugih pasa, ali oni nisu bili zapravo važni.
En un lugar tan vasto como éste se esperaban otros perros.
Na tako prostranom mjestu očekivali su se i drugi psi.
Estos perros iban y venían, o vivían dentro de las concurridas perreras.
Ti su psi dolazili i odlazili ili su živjeli unutar prometnih uzgajivačnica.
Algunos perros vivían escondidos en la casa, como Toots e Ysabel.
Neki psi su živjeli skriveni u kući, poput Tootsa i Ysabel.
Toots era un pug japonés, Ysabel una perra mexicana sin pelo.
Toots je bio japanski mops, Ysabel meksički pas bez dlake.
Estas extrañas criaturas rara vez salían de la casa.
Ova čudna stvorenja rijetko su izlazila iz kuće.
No tocaron el suelo ni olieron el aire libre del exterior.
Nisu dodirnuli tlo, niti njušili otvoreni zrak vani.
También estaban los fox terriers, al menos veinte en número.
Bilo je tu i foksterijera, najmanje dvadeset na broju.
Estos terriers le ladraron ferozmente a Toots y a Ysabel dentro de la casa.
Ovi terijeri su žestoko lajali na Tootsa i Ysabel u zatvorenom prostoru.
Toots e Ysabel se quedaron detrás de las ventanas, a salvo de todo daño.
Toots i Ysabel ostali su iza prozora, sigurni od zla.

Estaban custodiados por criadas con escobas y trapeadores.
Čuvale su ih kućne pomoćnice s metlama i krpama.
Pero Buck no era un perro de casa ni tampoco de perrera.
Ali Buck nije bio kućni pas, a nije bio ni pas za pse.
Toda la propiedad pertenecía a Buck como su legítimo reino.
Cijeli posjed pripadao je Bucku kao njegovo zakonito
kraljevstvo.
Buck nadaba en el tanque o salía a cazar con los hijos del juez.
Buck je plivao u akvariju ili išao u lov sa sučevim sinovima.
Caminaba con Mollie y Alice temprano o tarde.
Šetao je s Mollie i Alice u ranim ili kasnim satima.
En las noches frías yacía junto al fuego de la biblioteca con el juez.
U hladnim noćima ležao je pred kaminom u knjižnici sa
Sucem.
Buck llevaba a los nietos del juez en su fuerte espalda.
Buck je vozio Sudčeve unuke na svojim snažnim leđima.
Se revolcó en el césped con los niños, vigilándolos de cerca.
Valjao se u travi s dječacima, pomno ih čuvajući.
Se aventuraron hasta la fuente e incluso pasaron por los campos de bayas.
Odvažili su se na fontanu, pa čak i prošli pored polja s
bobicama.
Entre los fox terriers, Buck caminaba siempre con orgullo real.
Među foksterijerima, Buck je uvijek hodao s kraljevskim
ponosom.
Él ignoró a Toots y Ysabel, tratándolos como si fueran aire.
Ignorirao je Tootsa i Ysabel, tretirajući ih kao da su zrak.
Buck reinaba sobre todas las criaturas vivientes en la tierra del juez Miller.
Buck je vladao svim živim bićima na zemlji suca Millera.
Él gobernaba a los animales, a los insectos, a los pájaros e incluso a los humanos.
Vladao je životinjama, kukcima, pticama, pa čak i ljudima.

El padre de Buck, Elmo, había sido un San Bernardo enorme y leal.

Buckov otac Elmo bio je ogroman i odan bernard.

Elmo nunca se apartó del lado del juez y le sirvió fielmente.

Elmo se nikada nije odvajao od Suca i vjerno mu je služio.

Buck parecía dispuesto a seguir el noble ejemplo de su padre.

Buck se činio spremnim slijediti plemeniti primjer svog oca.

Buck no era tan grande: pesaba ciento cuarenta libras.

Buck nije bio baš toliko velik, težio je sto četrdeset funti.

Su madre, Shep, había sido una excelente perra pastor escocesa.

Njegova majka, Shep, bila je izvrstan škotski ovčar.

Pero incluso con ese peso, Buck caminaba con presencia majestuosa.

Ali čak i s tom težinom, Buck je hodao s kraljevskom prisutnošću.

Esto fue gracias a la buena comida y al respeto que siempre recibió.

To je dolazilo od dobre hrane i poštovanja koje je uvijek dobivao.

Durante cuatro años, Buck había vivido como un noble mimado.

Četiri godine Buck je živio kao razmaženi plemić.

Estaba orgulloso de sí mismo y hasta era un poco egoísta.

Bio je ponosan na sebe, pa čak i pomalo egoističan.

Ese tipo de orgullo era común entre los señores de países remotos.

Takav ponos bio je uobičajen među udaljenim seoskim gospodarima.

Pero Buck se salvó de convertirse en un perro doméstico mimado.

Ali Buck se spasio od toga da postane razmaženi kućni pas.

Se mantuvo delgado y fuerte gracias a la caza y el ejercicio.

Ostao je vitak i snažan kroz lov i vježbanje.

Amaba profundamente el agua, como la gente que se baña en lagos fríos.

Duboko je volio vodu, poput ljudi koji se kupaju u hladnim jezerima.

Este amor por el agua mantuvo a Buck fuerte y muy saludable.

Ta ljubav prema vodi održavala je Bucka jakim i vrlo zdravim.

Éste era el perro en que se había convertido Buck en el otoño de 1897.

To je bio pas u kojeg se Buck pretvorio u jesen 1897.

Cuando la huelga de Klondike arrastró a los hombres hacia el gélido Norte.

Kad je napad na Klondikeu povukao ljude na zaleđeni Sjever.

La gente acudió en masa desde todos los rincones del mundo hacia aquella tierra fría.

Ljudi su iz cijelog svijeta hrlili u hladnu zemlju.

Buck, sin embargo, no leía los periódicos ni entendía las noticias.

Buck, međutim, nije čitao novine niti je razumio vijesti.

Él no sabía que Manuel era un mal hombre con quien estar.

Nije znao da je Manuel loš čovjek u njegovom društvu.

Manuel, que ayudaba en el jardín, tenía un problema profundo.

Manuel, koji je pomagao u vrtu, imao je ozbiljan problem.

Manuel era adicto al juego de la lotería china.

Manuel je bio ovisan o kockanju na kineskoj lutriji.

También creía firmemente en un sistema fijo para ganar.

Također je čvrsto vjerovao u fiksni sustav za pobjedu.

Esa creencia hizo que su fracaso fuera seguro e inevitable.

To uvjerenje učinilo je njegov neuspjeh sigurnim i neizbježnim.

Jugar con un sistema exige dinero, del que Manuel carecía.

Igranje po sustavu zahtijeva novac, kojeg Manuelu nije bilo.

Su salario apenas alcanzaba para mantener a su esposa y a sus numerosos hijos.

Njegova plaća jedva je uzdržavala njegovu ženu i mnogo djece.

La noche en que Manuel traicionó a Buck, las cosas estaban normales.

U noći kada je Manuel izdao Bucka, sve je bilo normalno.

El juez estaba en una reunión de la Asociación de Productores de Pasas.

Sudac je bio na sastanku Udruge uzgajivača grožđica.

Los hijos del juez estaban entonces ocupados formando un club atlético.

Sudčevi sinovi su tada bili zauzeti osnivanjem atletskog kluba.

Nadie vio a Manuel y Buck salir por el huerto.

Nitko nije vidio Manuela i Bucka kako odlaze kroz voćnjak.

Buck pensó que esta caminata era simplemente un simple paseo nocturno.

Buck je mislio da je ova šetnja samo obična noćna šetnja.

Se encontraron con un solo hombre en la estación de la bandera, en College Park.

Na postaji za zastave, u College Parku, sreli su samo jednog čovjeka.

Ese hombre habló con Manuel y intercambiaron dinero.

Taj je čovjek razgovarao s Manuelom i razmijenili su novac.

"Envuelva la mercancía antes de entregarla", sugirió.

„Zamotaj robu prije nego što je dostaviš", predložio je.

La voz del hombre era áspera e impaciente mientras hablaba.

Muškarčev glas bio je grub i nestrpljiv dok je govorio.

Manuel ató cuidadosamente una cuerda gruesa alrededor del cuello de Buck.

Manuel je pažljivo svezao debelo uže oko Buckovog vrata.

"Si retuerces la cuerda, lo estrangularás bastante"

"Zavrni uže i dobro ćeš ga zadaviti"

El extraño emitió un gruñido, demostrando que entendía bien.

Stranac je promrmljao, pokazujući da je dobro razumio.

Buck aceptó la cuerda con calma y tranquila dignidad ese día.

Buck je tog dana prihvatio uže s mirnim i tihim dostojanstvom.

Fue un acto inusual, pero Buck confiaba en los hombres que conocía.

Bio je to neobičan čin, ali Buck je vjerovao ljudima koje je poznavao.

Él creía que su sabiduría iba mucho más allá de su propio pensamiento.

Vjerovao je da njihova mudrost daleko nadilazi njegovo vlastito razmišljanje.

Pero entonces la cuerda fue entregada a manos del extraño.

Ali tada je uže predano u ruke stranca.

Buck emitió un gruñido bajo que advertía con una amenaza silenciosa.

Buck je tiho zarežao, upozoravajući s tihom prijetnjom.

Era orgulloso y autoritario y quería mostrar su descontento.

Bio je ponosan i zapovjednički nastrojen te je namjeravao pokazati svoje nezadovoljstvo.

Buck creyó que su advertencia sería entendida como una orden.

Buck je vjerovao da će njegovo upozorenje biti shvaćeno kao naredba.

Para su sorpresa, la cuerda se tensó rápidamente alrededor de su grueso cuello.

Na njegov šok, uže se brzo stegnulo oko njegovog debelog vrata.

Se quedó sin aire y comenzó a luchar con una furia repentina.

Zrak mu je bio prekinuo i počeo se boriti u iznenadnom bijesu.

Saltó hacia el hombre, quien rápidamente se encontró con Buck en el aire.

Skočio je na čovjeka, koji je brzo sreo Bucka u zraku.

El hombre agarró la garganta de Buck y lo retorció hábilmente en el aire.

Čovjek je uhvatio Bucka za grlo i vješto ga zavrtio u zraku.

Buck fue arrojado al suelo con fuerza, cayendo de espaldas.

Buck je snažno pao na pod, sletjevši ravno na leđa.

La cuerda ahora lo estrangulaba cruelmente mientras él pateaba salvajemente.

Uže ga je sada okrutno davilo dok je divlje udarao nogama.

Se le cayó la lengua, su pecho se agitó, pero no recuperó el aliento.

Jezik mu je ispao, prsa su mu se nadimala, ali nije mogao udahnuti.

Nunca había sido tratado con tanta violencia en su vida.

Nikada u životu nije bio tretiran s takvim nasiljem.

Tampoco nunca antes se había sentido tan lleno de furia.

Također nikada prije nije bio ispunjen tako dubokim bijesom.

Pero el poder de Buck se desvaneció y sus ojos se volvieron vidriosos.

Ali Buckova moć je izblijedjela, a oči su mu postale staklaste.

Se desmayó justo cuando un tren se detuvo cerca.

Onesvijestio se baš kad je u blizini zaustavio vlak.

Luego los dos hombres lo arrojaron rápidamente al vagón de equipaje.

Zatim su ga dvojica muškaraca brzo ubacila u prtljažni vagon.

Lo siguiente que sintió Buck fue dolor en su lengua hinchada.

Sljedeće što je Buck osjetio bila je bol u otečenom jeziku.

Se desplazaba en un carro tambaleante, apenas consciente.

Kretao se u tresućim kolicima, tek jedva pri svijesti.

El agudo grito del silbato del tren le indicó a Buck su ubicación.

Oštar vrisak zvižduka vlaka otkrio je Bucku njegov položaj.

Había viajado muchas veces con el Juez y conocía esa sensación.

Često je jahao sa Sucem i poznavao je taj osjećaj.

Fue una experiencia única viajar nuevamente en un vagón de equipajes.

Bio je to onaj jedinstveni trzaj ponovnog putovanja u prtljažnom vagonu.

Buck abrió los ojos y su mirada ardía de rabia.

Buck je otvorio oči, a pogled mu je gorio od bijesa.

Esta fue la ira de un rey orgulloso destronado.

To je bio gnjev ponosnog kralja koji je zbačen s prijestolja.

Un hombre intentó agarrarlo, pero Buck lo atacó primero.

Čovjek je pružio ruku da ga uhvati, ali Buck je umjesto toga udario prvi.

Hundió los dientes en la mano del hombre y la sujetó con fuerza.

Zarivao je zube u čovjekovu ruku i čvrsto je držao.

No lo soltó hasta que se desmayó por segunda vez.

Nije pustio sve dok se drugi put nije onesvijestio.

—Sí, tiene ataques —murmuró el hombre al maletero.

„Da, ima napadaje", promrmljao je čovjek nosaču prtljage.

El maletero había oído la lucha y se acercó.

Prtljažnik je čuo borbu i približio se.

"Lo llevaré a Frisco para el jefe", explicó el hombre.

„Vodim ga u 'Frisco zbog šefa", objasnio je čovjek.

"Allí hay un buen veterinario que dice poder curarlos".

„Tamo ima dobar liječnik za pse koji kaže da ih može izliječiti."

Más tarde esa noche, el hombre dio su propio relato completo.

Kasnije te večeri čovjek je dao svoj potpuni izvještaj.

Habló desde un cobertizo detrás de un salón en los muelles.

Govorio je iz šupe iza saloona na dokovima.

"Lo único que me dieron fueron cincuenta dólares", se quejó al tabernero.

„Dobio sam samo pedeset dolara", požalio se vlasniku saloona.

"No lo volvería a hacer ni por mil dólares en efectivo".

„Ne bih to ponovio, čak ni za tisuću dolara u gotovini."

Su mano derecha estaba fuertemente envuelta en un paño ensangrentado.

Desna ruka mu je bila čvrsto omotana krvavom krpom.

La pernera de su pantalón estaba abierta de par en par desde la rodilla hasta el pie.

Nogavica mu je bila širom razderana od koljena do pete.

—¿Cuánto le pagaron al otro tipo? —preguntó el tabernero.

„Koliko je druga krigla dobila?" upitao je vlasnik saluna.

"Cien", respondió el hombre, "no aceptaría ni un centavo menos".

„Sto", odgovori čovjek, „ne bi uzeo ni centa manje."
—Eso suma ciento cincuenta —dijo el tabernero.
„To je ukupno sto pedeset", rekao je vlasnik saluna.
"Y él lo vale todo, o no soy más que un idiota".
„I vrijedi svega toga, inače nisam ništa bolji od glupana."
El hombre abrió los envoltorios para examinar su mano.
Čovjek je otvorio omot kako bi pregledao ruku.
La mano estaba gravemente desgarrada y cubierta de sangre seca.
Ruka je bila teško oštećena i prekrivena krastom osušene krvi.
"Si no consigo la hidrofobia…" empezó a decir.
„Ako ne dobijem hidrofobiju...", počeo je govoriti.
"Será porque naciste para la horca", dijo entre risas.
„To će biti zato što si rođen za vješanje", začuo se smijeh.
"Ven a ayudarme antes de irte", le pidieron.
„Dođi i pomozi mi prije nego što kreneš", zamolili su ga.
Buck estaba aturdido por el dolor en la lengua y la garganta.
Buck je bio ošamućen od boli u jeziku i grlu.
Estaba medio estrangulado y apenas podía mantenerse en pie.
Bio je napola zadavljen i jedva je mogao stajati uspravno.
Aún así, Buck intentó enfrentar a los hombres que lo habían lastimado.
Ipak, Buck se pokušao suočiti s ljudima koji su ga toliko povrijedili.
Pero lo derribaron y lo estrangularon una vez más.
Ali su ga bacili na pod i ponovno ga zadavili.
Sólo entonces pudieron quitarle el pesado collar de bronce.
Tek tada su mu mogli odrezati tešku mesinganu ogrlicu.
Le quitaron la cuerda y lo metieron en una caja.
Skinuli su uže i ugurali ga u sanduk.
La caja era pequeña y tenía la forma de una tosca jaula de hierro.
Sanduk je bio malen i oblikovan poput grubog željeznog kaveza.
Buck permaneció allí toda la noche, lleno de ira y orgullo herido.

Buck je ležao tamo cijelu noć, ispunjen gnjevom i povrijeđenim ponosom.

No podía ni siquiera empezar a comprender lo que le estaba pasando.

Nije mogao ni početi shvaćati što mu se događa.

¿Por qué estos hombres extraños lo mantenían en esa pequeña caja?

Zašto su ga ti čudni ljudi držali u ovom malom sanduku?

¿Qué querían de él y por qué este cruel cautiverio?

Što su htjeli s njim i zašto ovo okrutno zatočeništvo?

Sintió una presión oscura; una sensación de desastre que se acercaba.

Osjetio je mračan pritisak; osjećaj katastrofe koja se približava.

Era un miedo vago, pero que se apoderó pesadamente de su espíritu.

Bio je to nejasan strah, ali teško mu je obuzeo duh.

Saltó varias veces cuando la puerta del cobertizo vibró.

Nekoliko puta je skočio kad su vrata šupe zatresla.

Esperaba que el juez o los muchachos aparecieran y lo rescataran.

Očekivao je da će se pojaviti Sudac ili dječaci i spasiti ga.

Pero cada vez sólo se asomaba el rostro gordo del tabernero.

Ali samo je debelo lice vlasnika krčme svaki put provirilo unutra.

El rostro del hombre estaba iluminado por el tenue resplandor de una vela de sebo.

Muškovo lice bilo je obasjano slabim sjajem lojaste svijeće.

Cada vez, el alegre ladrido de Buck cambiaba a un gruñido bajo y enojado.

Svaki put, Buckov radosni lavež se pretvorio u tiho, ljutito režanje.

El tabernero lo dejó solo durante la noche en el cajón.

Vlasnik krčme ga je ostavio samog preko noći u sanduku.

Pero cuando se despertó por la mañana, venían más hombres.

Ali kad se ujutro probudio, dolazilo je još ljudi.

Llegaron cuatro hombres y recogieron la caja con cuidado y sin decir palabra.

Četiri muškarca su došla i oprezno podigla sanduk bez riječi.

Buck supo de inmediato en qué situación se encontraba.

Buck je odmah shvatio u kakvoj se situaciji nalazi.

Eran otros torturadores contra los que tenía que luchar y a los que tenía que temer.

Bili su to daljnji mučitelji protiv kojih se morao boriti i kojih se bojati.

Estos hombres parecían malvados, andrajosos y muy mal arreglados.

Ti su muškarci izgledali opako, otrcano i vrlo loše dotjerano.

Buck gruñó y se abalanzó sobre ellos ferozmente a través de los barrotes.

Buck je zarežao i žestoko se bacio na njih kroz rešetke.

Ellos simplemente se rieron y lo golpearon con largos palos de madera.

Samo su se smijali i bockali ga dugim drvenim štapovima.

Buck mordió los palos y luego se dio cuenta de que eso era lo que les gustaba.

Buck je zagrizao štapiće, a onda shvatio da je to ono što im se sviđa.

Así que se quedó acostado en silencio, hosco y ardiendo de rabia silenciosa.

Tako je legao tiho, namrgođen i gorio od tihog bijesa.

Subieron la caja a un carro y se fueron con él.

Digli su sanduk u kola i odvezli se s njim.

La caja, con Buck encerrado dentro, cambiaba de manos a menudo.

Sanduk, s Buckom zaključanim unutra, često je mijenjao vlasnika.

Los empleados de la oficina exprés se hicieron cargo de él y lo atendieron brevemente.

Službenici ekspresnog ureda preuzeli su stvar i kratko se pozabavili njime.

Luego, otro carro transportó a Buck a través de la ruidosa ciudad.

Zatim su druga kola prevezla Bucka preko bučnog grada.

Un camión lo llevó con cajas y paquetes a un ferry.

Kamion ga je s kutijama i paketima odvezao na trajekt.

Después de cruzar, el camión lo descargó en una estación ferroviaria.

Nakon što je prešao granicu, kamion ga je istovario na željezničkom kolodvoru.

Finalmente, colocaron a Buck dentro de un vagón expreso que lo esperaba.

Konačno, Bucka su smjestili u čekajući ekspresni vagon.

Durante dos días y dos noches, los trenes arrastraron el vagón expreso.

Dva dana i noći vlakovi su odvlačili ekspresni vagon.

Buck no comió ni bebió durante todo el doloroso viaje.

Buck nije ni jeo ni pio tijekom cijelog mukotrpnog putovanja.

Cuando los mensajeros expresos intentaron acercarse a él, gruñó.

Kad su mu se brzi glasnici pokušali približiti, zarežao je.

Ellos respondieron burlándose de él y molestándolo cruelmente.

Odgovorili su ismijavajući ga i okrutno ga zadirkujući.

Buck se arrojó contra los barrotes, echando espuma y temblando.

Buck se bacio na rešetke, pjenušajući se i tresući se

Se rieron a carcajadas y se burlaron de él como matones del patio de la escuela.

glasno su se smijali i rugali mu se poput školskih nasilnika.

Ladraban como perros de caza y agitaban los brazos.

Lajali su poput lažnih pasa i mahali rukama.

Incluso cantaron como gallos sólo para molestarlo más.

Čak su kukurikali kao pijetlovi samo da ga još više uznemire.

Fue un comportamiento tonto y Buck sabía que era ridículo.

Bilo je to glupo ponašanje, a Buck je znao da je smiješno.

Pero eso sólo profundizó su sentimiento de indignación y vergüenza.

Ali to je samo produbilo njegov osjećaj ogorčenja i srama.

Durante el viaje no le molestó mucho el hambre.

Glad ga nije puno mučila tijekom putovanja.

Pero la sed traía consigo un dolor agudo y un sufrimiento insoportable.

Ali žeđ je donosila oštru bol i nepodnošljivu patnju.

Su garganta y lengua secas e inflamadas ardían de calor.

Suho, upaljeno grlo i jezik pekli su ga od vrućine.

Este dolor alimentó la fiebre que crecía dentro de su orgulloso cuerpo.

Ta je bol hranila groznicu koja je rasla u njegovom ponosnom tijelu.

Buck estuvo agradecido por una sola cosa durante esta prueba.

Buck je bio zahvalan na jednoj jedinoj stvari tijekom ovog suđenja.

Le habían quitado la cuerda que le rodeaba el grueso cuello.

Uže mu je bilo skinuto s debelog vrata.

La cuerda había dado a esos hombres una ventaja injusta y cruel.

Uže je tim ljudima dalo nepravednu i okrutnu prednost.

Ahora la cuerda había desaparecido y Buck juró que nunca volvería.

Sada je uže nestalo, a Buck se zakleo da se nikada neće vratiti.

Decidió que nunca más volvería a pasarle una cuerda al cuello.

Odlučio je da mu se više nikada nijedno uže neće omotati oko vrata.

Durante dos largos días y noches sufrió sin comer.

Dva duga dana i noći patio je bez hrane.

Y en esas horas se fue acumulando en su interior una rabia enorme.

I u tim je satima u sebi nakupio ogroman bijes.

Sus ojos se volvieron inyectados en sangre y salvajes por la ira constante.

Oči su mu postale krvave i divlje od neprestanog bijesa.

Ya no era Buck, sino un demonio con mandíbulas chasqueantes.

Više nije bio Buck, već demon s pucketavim čeljustima.

Ni siquiera el juez habría reconocido a esta loca criatura.

Čak ni Sudac ne bi prepoznao ovo ludo stvorenje.

Los mensajeros exprés suspiraron aliviados cuando llegaron a Seattle.

Brzi glasnici su odahnuli s olakšanjem kad su stigli u Seattle

Cuatro hombres levantaron la caja y la llevaron a un patio trasero.

Četiri muškarca podigla su sanduk i odnijela ga u dvorište.

El patio era pequeño, rodeado de muros altos y sólidos.

Dvorište je bilo malo, okruženo visokim i čvrstim zidovima.

Un hombre corpulento salió con una camisa roja holgada.

Krupan muškarac izašao je u opuštenoj crvenoj džemperskoj košulji.

Firmó el libro de entrega con letra gruesa y atrevida.

Potpisao je knjigu dostave debelim i smjelim rukopisom.

Buck sintió de inmediato que este hombre era su próximo torturador.

Buck je odmah osjetio da je ovaj čovjek njegov sljedeći mučitelj.

Se abalanzó violentamente contra los barrotes, con los ojos rojos de furia.

Silovito je nasrnuo na rešetke, očiju crvenih od bijesa.

El hombre simplemente sonrió oscuramente y fue a buscar un hacha.

Čovjek se samo mračno nasmiješio i otišao po sjekiru.

También traía un garrote en su gruesa y fuerte mano derecha.

Također je donio palicu u svojoj debeloj i snažnoj desnoj ruci.

"¿Vas a sacarlo ahora?" preguntó preocupado el conductor.

„Hoćeš li ga sada izvesti?" upitao je vozač zabrinuto.

—Claro —dijo el hombre, metiendo el hacha en la caja a modo de palanca.

„Naravno", rekao je čovjek, zabijajući sjekiru u sanduk kao polugu.

Los cuatro hombres se dispersaron instantáneamente y saltaron al muro del patio.

Četvorica muškaraca su se odmah razbježala, skačući na dvorišni zid.

Desde sus lugares seguros arriba, esperaban para observar el espectáculo.

Sa svojih sigurnih mjesta gore, čekali su da gledaju spektakl.

Buck se abalanzó sobre la madera astillada, mordiéndola y sacudiéndola ferozmente.

Buck se bacio na rascijepljeno drvo, grizući i silovito tresući.

Cada vez que el hacha golpeaba la jaula, Buck estaba allí para atacarla.

Svaki put kad bi sjekira pogodila kavez, Buck bi bio tamo da je napadne.

Gruñó y chasqueó los dientes con furia salvaje, ansioso por ser liberado.

Režao je i praskao od divljeg bijesa, željan da bude oslobođen.

El hombre que estaba afuera estaba tranquilo y firme, concentrado en su tarea.

Čovjek vani bio je miran i staložen, usredotočen na svoj zadatak.

"Muy bien, demonio de ojos rojos", dijo cuando el agujero fue grande.

„U redu, vraže crvenooki", rekao je kad je rupa postala velika.

Dejó caer el hacha y tomó el garrote con su mano derecha.

Ispustio je sjekiru i uzeo palicu u desnu ruku.

Buck realmente parecía un demonio; con los ojos inyectados en sangre y llameantes.

Buck je zaista izgledao kao vrag; oči su mu bile krvave i gorjele su.

Su pelaje se erizó, le salía espuma por la boca y sus ojos brillaban.

Dlaka mu se nakostriješila, pjena mu se izbijala na usta, a oči su mu svjetlucale.

Tensó los músculos y se lanzó directamente hacia el suéter rojo.

Napeo je mišiće i skočio ravno na crveni džemper.

Ciento cuarenta libras de furia volaron hacia el hombre tranquilo.

Sto četrdeset funti bijesa poletjelo je na mirnog čovjeka.

Justo antes de que sus mandíbulas se cerraran, un golpe terrible lo golpeó.

Neposredno prije nego što su mu se čeljusti stisnule, pogodio ga je strašan udarac.

Sus dientes chasquearon al chocar contra nada más que el aire.

Zubi su mu škljocali samo u zraku

Una sacudida de dolor resonó a través de su cuerpo

trzaj boli odjeknuo mu je tijelom

Dio una vuelta en el aire y se estrelló sobre su espalda y su costado.

Prevrnuo se u zraku i srušio se na leđa i bok.

Nunca antes había sentido el golpe de un garrote y no podía agarrarlo.

Nikada prije nije osjetio udarac palicom i nije ga mogao shvatiti.

Con un gruñido estridente, mitad ladrido, mitad grito, saltó de nuevo.

Uz prodorno režanje, dijelom lavež, dijelom vrisak, ponovno je skočio.

Otro golpe brutal lo alcanzó y lo arrojó al suelo.

Još jedan brutalan udarac ga je pogodio i bacio na tlo.

Esta vez Buck lo entendió: era el pesado garrote del hombre.

Ovaj put Buck je shvatio - bila je to čovjekova teška toljaga.

Pero la rabia lo cegó y no pensó en retirarse.

Ali bijes ga je zaslijepio i nije pomišljao na povlačenje.

Doce veces se lanzó y doce veces cayó.

Dvanaest puta se lansirao i dvanaest puta je pao.

El palo de madera lo golpeaba cada vez con una fuerza despiadada y aplastante.

Drvena toljaga ga je svaki put udarala nemilosrdnom, lomljivom snagom.

Después de un golpe feroz, se tambaleó hasta ponerse de pie, aturdido y lento.

Nakon jednog žestokog udarca, teturavo se podigao na noge, ošamućen i spor.

Le salía sangre de la boca, de la nariz y hasta de las orejas.

Krv mu je tekla iz usta, nosa, pa čak i ušiju.

Su pelaje, otrora hermoso, estaba manchado de espuma sanguinolenta.

Njegov nekada lijepi kaput bio je umrljan krvavom pjenom.

Entonces el hombre se adelantó y le dio un golpe tremendo en la nariz.

Tada je čovjek prišao i zadao mu žestoki udarac u nos.

La agonía fue más aguda que cualquier cosa que Buck hubiera sentido jamás.

Bol je bila oštrija od svega što je Buck ikada osjetio.

Con un rugido más de bestia que de perro, saltó nuevamente para atacar.

S rikom više zvijerskom nego psećom, ponovno je skočio u napad.

Pero el hombre se agarró la mandíbula inferior y la torció hacia atrás.

Ali čovjek ga je uhvatio za donju čeljust i uvrnuo je unatrag.

Buck se dio una vuelta de cabeza y volvió a caer con fuerza.

Buck se prevrnuo naglavačke i ponovno snažno pao.

Una última vez, Buck cargó contra él, ahora apenas capaz de mantenerse en pie.

Još jednom, Buck je jurnuo na njega, jedva stojeći na nogama.

El hombre atacó con una sincronización experta, dando el golpe final.

Čovjek je udario s vještim tajmingom, zadavši konačni udarac.

Buck se desplomó en un montón, inconsciente e inmóvil.

Buck se srušio u hrpu, bez svijesti i nepomičan.

"No es ningún inútil a la hora de domar perros, eso es lo que digo", gritó un hombre.

„Nije on loš u dresingu pasa, to kažem", viknuo je čovjek.

"Druther puede quebrar la voluntad de un perro cualquier día de la semana".

„Druther može slomiti volju psa bilo koji dan u tjednu."

"¡Y dos veces el domingo!" añadió el conductor.

„I dvaput u nedjelju!" dodao je vozač.

Se subió al carro y tiró de las riendas para partir.

Popeo se u kola i povukao uzde da krene.

Buck recuperó lentamente el control de su conciencia.

Buck je polako povratio kontrolu nad svojom sviješću

Pero su cuerpo todavía estaba demasiado débil y roto para moverse.

ali tijelo mu je još uvijek bilo preslabo i slomljeno da bi se pomaknulo.

Se quedó donde había caído, observando al hombre del suéter rojo.

Ležao je tamo gdje je pao, promatrajući čovjeka u crvenom džemperu.

"Responde al nombre de Buck", dijo el hombre, leyendo en voz alta.

„Odaziva se na ime Buck", rekao je čovjek čitajući naglas.

Citó la nota enviada con la caja de Buck y los detalles.

Citirao je poruku poslanu s Buckovim sandukom i detalje.

—Bueno, Buck, muchacho —continuó el hombre con tono amistoso—.

„Pa, Buck, sine moj", nastavi čovjek prijateljskim tonom,

"Hemos tenido nuestra pequeña pelea y ahora todo ha terminado entre nosotros".

"Posvađali smo se već malo, a sada je među nama gotovo."

"Tú has aprendido cuál es tu lugar y yo he aprendido cuál es el mío", añadió.

„Naučio/la si gdje ti je mjesto, a ja sam naučio/la svoje", dodao je.

"Sé bueno y todo irá bien y la vida será placentera".

"Budi dobar i sve će biti dobro, a život će biti ugodan."

"Pero si te portas mal, te daré una paliza, ¿entiendes?"

„Ali budi zločest, i prebit ću te na smrt, razumiješ?"

Mientras hablaba, extendió la mano y acarició la cabeza dolorida de Buck.

Dok je govorio, pružio je ruku i potapšao Bucka po bolnoj glavi.

El cabello de Buck se erizó ante el toque del hombre, pero no se resistió.

Bucku se kosa digla na čovjekov dodir, ali nije se opirao.

El hombre le trajo agua, que Buck bebió a grandes tragos.

Čovjek mu je donio vode, koju je Buck popio u velikim gutljajima.

Luego vino la carne cruda, que Buck devoró trozo a trozo.

Zatim je došlo sirovo meso, koje je Buck proždirao komad po komadu.

Sabía que estaba derrotado, pero también sabía que no estaba roto.

Znao je da je poražen, ali je također znao da nije slomljen.

No tenía ninguna posibilidad contra un hombre armado con un garrote.

Nije imao nikakve šanse protiv čovjeka naoružanog palicom.

Había aprendido la verdad y nunca olvidó esa lección.

Naučio je istinu i nikada nije zaboravio tu lekciju.

Esa arma fue el comienzo de la ley en el nuevo mundo de Buck.

To oružje je bio početak zakona u Buckovom novom svijetu.

Fue el comienzo de un orden duro y primitivo que no podía negar.

Bio je to početak surovog, primitivnog poretka koji nije mogao poreći.

Aceptó la verdad; sus instintos salvajes ahora estaban despiertos.

Prihvatio je istinu; njegovi divlji instinkti su sada bili probuđeni.

El mundo se había vuelto más duro, pero Buck lo afrontó con valentía.

Svijet je postao suroviji, ali Buck se hrabro suočio s tim.

Afrontó la vida con nueva cautela, astucia y fuerza silenciosa.

Život je dočekao s novim oprezom, lukavošću i tihom snagom.

Llegaron más perros, atados con cuerdas o cajas como había estado Buck.

Stiglo je još pasa, vezanih užadima ili sanducima kao što je bio Buck.

Algunos perros llegaron con calma, otros se enfurecieron y pelearon como bestias salvajes.

Neki su psi dolazili mirno, drugi su bjesnili i borili se kao divlje zvijeri.

Todos ellos quedaron bajo el dominio del hombre del suéter rojo.

Svi su dovedeni pod vlast čovjeka u crvenom džemperu.

Cada vez, Buck observaba y veía cómo se desarrollaba la misma lección.

Svaki put, Buck je promatrao i vidio kako se odvija ista lekcija.

El hombre con el garrote era la ley, un amo al que había que obedecer.

Čovjek s palicom bio je zakon; gospodar kojeg treba poslušati.

No necesitaba ser querido, pero sí obedecido.

Nije ga trebalo voljeti, ali ga je trebalo poslušati.

Buck nunca adulaba ni meneaba la cola como lo hacían los perros más débiles.

Buck se nikada nije ulizivao niti mahao kao što su to činili slabiji psi.

Vio perros que estaban golpeados y todavía lamían la mano del hombre.

Vidio je pse koji su bili pretučeni i ipak su lizali čovjeku ruku.

Vio un perro que no obedecía ni se sometía en absoluto.

Vidio je jednog psa koji uopće nije htio poslušati niti se pokoriti.

Ese perro luchó hasta que murió en la batalla por el control.

Taj se pas borio sve dok nije poginuo u borbi za kontrolu.

A veces, desconocidos venían a ver al hombre del suéter rojo.

Stranci bi ponekad dolazili vidjeti čovjeka u crvenom džemperu.

Hablaban en tonos extraños, suplicando, negociando y riendo.

Govorili su čudnim tonovima, moleći, cjenkajući se i smijući se.

Cuando se intercambiaba dinero, se iban con uno o más perros.

Kad bi se razmijenio novac, odlazili bi s jednim ili više pasa.

Buck se preguntó a dónde habían ido esos perros, pues ninguno regresaba jamás.

Buck se pitao kamo su ti psi otišli, jer se nijedan nikada nije vratio.

El miedo a lo desconocido llenaba a Buck cada vez que un hombre extraño se acercaba.

Strah od nepoznatog ispunjavao je Bucka svaki put kad bi došao nepoznati čovjek

Se alegraba cada vez que se llevaban a otro perro en lugar de a él mismo.

Bio je sretan svaki put kad bi uzeli još jednog psa, a ne njega samog.

Pero finalmente, llegó el turno de Buck con la llegada de un hombre extraño.

Ali konačno je došao red i na Bucka dolaskom nepoznatog čovjeka.

Era pequeño, fibroso y hablaba un inglés deficiente y decía palabrotas.

Bio je malen, žilav, govorio je lošim engleskim i psovao.

—¡Sacredam! —gritó cuando vio el cuerpo de Buck.

„Sacredam!" viknuo je kad je ugledao Buckovu figuru.

—¡Qué perro tan bravucón! ¿Eh? ¿Cuánto? —preguntó en voz alta.

„To je jedan prokleti nasilni pas! E? Koliko?" upitao je naglas.

"Trescientos, y es un regalo a ese precio".

„Tristo, a za tu cijenu je pravi poklon."

—Como es dinero del gobierno, no deberías quejarte, Perrault.

„Budući da je to državni novac, ne biste se trebali žaliti, Perrault."

Perrault sonrió ante el trato que acababa de hacer con aquel hombre.

Perrault se nasmiješio dogovoru koji je upravo sklopio s tim čovjekom.

El precio de los perros se disparó debido a la repentina demanda.

Cijena pasa je naglo porasla zbog nagle potražnje.

Trescientos dólares no era injusto para una bestia tan bella.
Tristo dolara nije bilo nepravedno za tako finu zvijer.
El gobierno canadiense no perdería nada con el acuerdo
Kanadska vlada ne bi ništa izgubila u sporazumu
Además sus despachos oficiales tampoco sufrirían demoras en el tránsito.
Niti bi njihove službene pošiljke kasnile u tranzitu.
Perrault conocía bien a los perros y podía ver que Buck era algo raro.
Perrault je dobro poznavao pse i mogao je vidjeti da je Buck nešto rijetko.
"Uno entre diez diez mil", pensó mientras estudiaba la complexión de Buck.
„Jedan od deset deset tisuća", pomislio je dok je proučavao Buckovu građu.
Buck vio que el dinero cambiaba de manos, pero no mostró sorpresa.
Buck je vidio kako novac mijenja vlasnika, ali nije pokazao iznenađenje.
Pronto él y Curly, un gentil Terranova, fueron llevados lejos.
Ubrzo su on i Kovrčavi, krotki newfoundlandski pas, odvedeni.
Siguieron al hombrecito desde el patio del suéter rojo.
Slijedili su malog čovjeka iz dvorišta crvenog džempera.
Esa fue la última vez que Buck vio al hombre con el garrote de madera.
To je bio posljednji put da je Buck ikada vidio čovjeka s drvenom palicom.
Desde la cubierta del Narwhal vio cómo Seattle se desvanecía en la distancia.
S palube Narvala promatrao je kako Seattle nestaje u daljini.
También fue la última vez que vio las cálidas tierras del Sur.
To je ujedno bio i posljednji put da je ikada vidio topli Jug.
Perrault los llevó bajo cubierta y los dejó con François.
Perrault ih je odveo ispod palube i ostavio s Françoisom.
François era un gigante de cara negra y manos ásperas y callosas.

François je bio crnoliki div s grubim, žuljevitim rukama.

Era oscuro y moreno, un mestizo francocanadiense.

Bio je taman i tamnoput; mješanac Francusko-kanadskog podrijetla.

Para Buck, estos hombres eran de un tipo que nunca había visto antes.

Bucku su ovi ljudi bili vrsta kakvu nikada prije nije vidio.

En los días venideros conocería a muchos hombres así.

U danima koji su dolazili upoznao bi mnogo takvih ljudi.

No llegó a encariñarse con ellos, pero llegó a respetarlos.

Nije ih zavolio, ali ih je počeo poštovati.

Eran justos y sabios, y no se dejaban engañar fácilmente por ningún perro.

Bili su pošteni i mudri, i nijedan ih pas nije lako prevario.

Juzgaban a los perros con calma y castigaban sólo cuando lo merecían.

Pse su mirno prosuđivali i kažnjavali samo kad su ih zaslužili.

En la cubierta inferior del Narwhal, Buck y Curly se encontraron con dos perros.

U donjoj palubi Narvala, Buck i Kovrčavi sreli su dva psa.

Uno de ellos era un gran perro blanco procedente de la lejana y gélida región de Spitzbergen.

Jedan je bio veliki bijeli pas iz dalekog, ledenog Spitzbergena.

Una vez navegó con un ballenero y se unió a un grupo de investigación.

Jednom je plovio s kitolovcem i pridružio se istraživačkoj skupini.

Era amigable de una manera astuta, deshonesta y tramposa.

Bio je prijateljski nastrojen na lukav, podmukao i lukav način.

En su primera comida, robó un trozo de carne de la sartén de Buck.

Na njihovom prvom obroku, ukrao je komad mesa iz Buckove tave.

Buck saltó para castigarlo, pero el látigo de François golpeó primero.

Buck je skočio da ga kazni, ali Françoisov bič je prvi udario.

El ladrón blanco gritó y Buck recuperó el hueso robado.

Bijeli lopov je kriknuo, a Buck je vratio ukradenu kost.

Esa imparcialidad impresionó a Buck y François se ganó su respeto.

Ta pravednost impresionirala je Bucka, a François je zaslužio njegovo poštovanje.

El otro perro no saludó y no quiso recibir saludos a cambio.

Drugi pas nije pozdravio, a nije ni tražio pozdrav zauzvrat.

No robaba comida ni olfateaba con interés a los recién llegados.

Nije krao hranu, niti je sa zanimanjem njuškao novopridošle.

Este perro era sombrío y silencioso, melancólico y de movimientos lentos.

Ovaj pas je bio sumoran i tih, tmuran i sporo se kretao.

Le advirtió a Curly que se mantuviera alejada simplemente mirándola fijamente.

Upozorio je Kovrčavi da se drži podalje jednostavnim pogledom prema njoj.

Su mensaje fue claro: déjenme en paz o habrá problemas.

Njegova poruka je bila jasna; ostavi me na miru ili će biti problema.

Se llamaba Dave y apenas se fijaba en su entorno.

Zvao se Dave i jedva je primjećivao svoju okolinu.

Dormía a menudo, comía tranquilamente y bostezaba de vez en cuando.

Često je spavao, tiho jeo i s vremena na vrijeme zijevao.

El barco zumbaba constantemente con la hélice golpeando debajo.

Brod je neprestano zujao dok je propeler ispod udarao.

Los días pasaron con pocos cambios, pero el clima se volvió más frío.

Dani su prolazili bez ikakvih promjena, ali vrijeme je postajalo hladnije.

Buck podía sentirlo en sus huesos y notó que los demás también lo sentían.

Buck je to osjećao u kostima i primijetio je da i ostali također.

Entonces, una mañana, la hélice se detuvo y todo quedó en silencio.
Onda se jednog jutra propeler zaustavio i sve je utihnulo.
Una energía recorrió la nave; algo había cambiado.
Energija je prostrujala brodom; nešto se promijenilo.
François bajó, les puso las correas y los trajo arriba.
François je sišao dolje, privezao ih na povodce i doveo ih gore.
Buck salió y encontró el suelo suave, blanco y frío.
Buck je izašao i otkrio da je tlo meko, bijelo i hladno.
Saltó hacia atrás alarmado y resopló totalmente confundido.
U panici je odskočio unatrag i frknuo u potpunoj zbunjenosti.
Una extraña sustancia blanca caía del cielo gris.
Čudna bijela tvar padala je sa sivog neba.
Se sacudió, pero los copos blancos seguían cayendo sobre él.
Otresao se, ali bijele pahuljice su i dalje padale na njega.
Olió con cuidado la sustancia blanca y lamió algunos trocitos helados.
Pažljivo je pomirisao bijelu tvar i polizao nekoliko ledenih komadića.
El polvo ardió como fuego y luego desapareció de su lengua.
Prah je gorio poput vatre, a zatim je nestao s njegovog jezika.
Buck lo intentó de nuevo, desconcertado por la extraña frialdad que desaparecía.
Buck je pokušao ponovno, zbunjen neobičnom nestajućom hladnoćom.
Los hombres que lo rodeaban se rieron y Buck se sintió avergonzado.
Muškarci oko njega su se nasmijali, a Bucku je bilo neugodno.
No sabía por qué, pero le avergonzaba su reacción.
Nije znao zašto, ali sramio se svoje reakcije.
Fue su primera experiencia con la nieve y le confundió.
To je bilo njegovo prvo iskustvo sa snijegom i to ga je zbunilo.

La ley del garrote y el colmillo
Zakon trefa i očnjaka

El primer día de Buck en la playa de Dyea se sintió como una terrible pesadilla.

Buckov prvi dan na plaži Dyea osjećao se kao strašna noćna mora.

Cada hora traía nuevas sorpresas y cambios inesperados para Buck.

Svaki sat je Bucku donosio nove šokove i neočekivane promjene.

Lo habían sacado de la civilización y lo habían arrojado a un caos salvaje.

Bio je izvučen iz civilizacije i bačen u divlji kaos.

Aquella no era una vida soleada y tranquila, llena de aburrimiento y descanso.

Ovo nije bio sunčan, lijen život s dosadom i odmorom.

No había paz, ni descanso, ni momento sin peligro.

Nije bilo mira, odmora, niti trenutka bez opasnosti.

La confusión lo dominaba todo y el peligro siempre estaba cerca.

Zbrka je vladala svime, a opasnost je uvijek bila blizu.

Buck tuvo que mantenerse alerta porque estos hombres y perros eran diferentes.

Buck je morao ostati na oprezu jer su ovi ljudi i psi bili drugačiji.

No eran de pueblos; eran salvajes y sin piedad.

Nisu bili iz gradova; bili su divlji i nemilosrdni.

Estos hombres y perros sólo conocían la ley del garrote y el colmillo.

Ti ljudi i psi poznavali su samo zakon toljage i očnjaka.

Buck nunca había visto perros pelear como estos salvajes huskies.

Buck nikada nije vidio pse da se bore kao ovi divlji haskiji.

Su primera experiencia le enseñó una lección que nunca olvidaría.

Njegovo prvo iskustvo naučilo ga je lekciji koju nikada neće zaboraviti.

Tuvo suerte de que no fuera él, o habría muerto también.

Imao je sreće što to nije bio on, inače bi i on umro.

Curly fue el que sufrió mientras Buck observaba y aprendía.

Kovrčavi je bio taj koji je patio dok je Buck gledao i učio.

Habían acampado cerca de una tienda construida con troncos.

Ulogorili su se blizu trgovine izgrađene od balvana.

Curly intentó ser amigable con un husky grande, parecido a un lobo.

Kovrčavi se pokušao prijateljski ponašati prema velikom haskiju nalik vuku.

El husky era más pequeño que Curly, pero parecía salvaje y malvado.

Haski je bio manji od Kovrčavi, ali je izgledao divlje i zlobno.

Sin previo aviso, saltó y le abrió el rostro.

Bez upozorenja, skočio je i rasjekao joj lice.

Sus dientes la atravesaron desde el ojo hasta la mandíbula en un solo movimiento.

Njegovi su joj zubi jednim potezom prerezali od oka do čeljusti.

Así era como peleaban los lobos: golpeaban rápido y saltaban.

Ovako su se vukovi borili - udarili su brzo i odskočili.

Pero había mucho más que aprender de ese único ataque.

Ali bilo je više toga za naučiti osim iz tog jednog napada.

Decenas de huskies entraron corriendo y formaron un círculo silencioso.

Deseci haskija su uletjeli i napravili tihi krug.

Observaron atentamente y se lamieron los labios con hambre.

Pažljivo su promatrali i oblizali usne od gladi.

Buck no entendió su silencio ni sus miradas ansiosas.

Buck nije razumio njihovu šutnju ni njihove nestrpljive oči.

Curly se apresuró a atacar al husky por segunda vez.

Kovrčavi je pojurio napasti haskija drugi put.

Él usó su pecho para derribarla con un movimiento fuerte.
Snažnim pokretom ju je srušio prsima.
Ella cayó de lado y no pudo levantarse más.
Pala je na bok i nije se mogla ponovo podići.
Eso era lo que los demás habían estado esperando todo el tiempo.
To je ono što su ostali cijelo vrijeme čekali.
Los perros esquimales saltaron sobre ella, aullando y gruñendo frenéticamente.
Haskiji su skočili na nju, cikćući i režeći u bijesu.
Ella gritó cuando la enterraron bajo una pila de perros.
Vrištala je dok su je zakopavali pod hrpu pasa.
El ataque fue tan rápido que Buck se quedó paralizado por la sorpresa.
Napad je bio toliko brz da se Buck od šoka ukočio na mjestu.
Vio a Spitz sacar la lengua de una manera que parecía una risa.
Vidio je kako Spitz isplazi jezik na način koji je izgledao kao smijeh.
François cogió un hacha y corrió directamente hacia el grupo de perros.
François je zgrabio sjekiru i potrčao ravno u skupinu pasa.
Otros tres hombres usaron palos para ayudar a ahuyentar a los perros esquimales.
Trojica drugih muškaraca koristila su palice kako bi otjerali haskije.
En sólo dos minutos, la pelea terminó y los perros desaparecieron.
Za samo dvije minute, borba je bila gotova i psi su nestali.
Curly yacía muerta en la nieve roja y pisoteada, con su cuerpo destrozado.
Kovrčavi je ležala mrtva u crvenom, ugaženom snijegu, tijelo joj je bilo rastrgano.
Un hombre de piel oscura estaba de pie sobre ella, maldiciendo la brutal escena.
Tamnoputi muškarac stajao je nad njom, proklinjući brutalni prizor.

El recuerdo permaneció con Buck y atormentó sus sueños por la noche.

Sjećanje je ostalo s Buckom i proganjalo ga je u snovima noću.

Así era aquí: sin justicia, sin segundas oportunidades.

Tako je ovdje bilo; bez pravednosti, bez druge prilike.

Una vez que un perro caía, los demás lo mataban sin piedad.

Čim bi pas pao, ostali bi ga ubili bez milosti.

Buck decidió entonces que nunca se permitiría caer.

Buck je tada odlučio da si nikada neće dopustiti da padne.

Spitz volvió a sacar la lengua y se rió de la sangre.

Spitz je ponovno isplazio jezik i nasmijao se krvi.

Desde ese momento, Buck odió a Spitz con todo su corazón.

Od tog trenutka nadalje, Buck je svim srcem mrzio Spitza.

Antes de que Buck pudiera recuperarse de la muerte de Curly, sucedió algo nuevo.

Prije nego što se Buck uspio oporaviti od Kovrčavijeve smrti, dogodilo se nešto novo.

François se acercó y ató algo alrededor del cuerpo de Buck.

François je prišao i nešto omotao Buckovo tijelo.

Era un arnés como los que usaban los caballos en el rancho.

Bila je to orma poput onih koje se koriste na konjima na ranču.

Así como Buck había visto trabajar a los caballos, ahora él también estaba obligado a trabajar.

Kao što je Buck vidio konje kako rade, sada je i on bio prisiljen raditi.

Tuvo que arrastrar a François en un trineo hasta el bosque cercano.

Morao je vući Françoisa na sanjkama u obližnju šumu.

Después tuvo que arrastrar una carga de leña pesada.

Zatim je morao odvući teret teškog drva za ogrjev.

Buck era orgulloso, por eso le dolía que lo trataran como a un animal de trabajo.

Buck je bio ponosan, pa ga je boljelo što se prema njemu ponašalo kao prema radnoj životinji.

Pero él era sabio y no intentó luchar contra la nueva situación.

Ali bio je mudar i nije se pokušavao boriti protiv nove situacije.

Aceptó su nueva vida y dio lo mejor de sí en cada tarea.

Prihvatio je svoj novi život i dao sve od sebe u svakom zadatku.

Todo en la obra le resultaba extraño y desconocido.

Sve u vezi s poslom bilo mu je čudno i nepoznato.

Francisco era estricto y exigía obediencia sin demora.

François je bio strog i zahtijevao je poslušnost bez odgađanja.

Su látigo garantizaba que cada orden fuera seguida al instante.

Njegov bič pazio je da se svaka naredba izvrši odjednom.

Dave era el que conducía el trineo, el perro que estaba más cerca de él, detrás de Buck.

Dave je bio vozač, pas najbliži saonicama iza Bucka.

Dave mordió a Buck en las patas traseras si cometía un error.

Dave bi ugrizao Bucka za stražnje noge ako bi ovaj pogriješio.

Spitz era el perro líder, hábil y experimentado en su función.

Spitz je bio vodeći pas, vješt i iskusan u toj ulozi.

Spitz no pudo alcanzar a Buck fácilmente, pero aún así lo corrigió.

Spitz nije mogao lako doći do Bucka, ali ga je ipak ispravio.

Gruñó con dureza o tiró del trineo de maneras que le enseñaron a Buck.

Oštro je režao ili vukao saonice na načine koji su Bucka podučavali.

Con este entrenamiento, Buck aprendió más rápido de lo que cualquiera de ellos esperaba.

Pod ovom obukom, Buck je učio brže nego što je itko od njih očekivao.

Trabajó duro y aprendió tanto de François como de los otros perros.

Naporno je radio i učio od Françoisa i ostalih pasa.

Cuando regresaron, Buck ya conocía los comandos clave.

Dok su se vratili, Buck je već znao ključne naredbe.

Aprendió a detenerse al oír la palabra "ho" gracias a François.

Naučio je stati na zvuk "ho" od Françoisa.

Aprendió cuando tenía que tirar del trineo y correr.

Naučio je kada je morao vući sanke i trčati.

Aprendió a girar abiertamente en las curvas del camino sin problemas.

Naučio je bez problema široko skretati u zavojima na stazi.

También aprendió a evitar a Dave cuando el trineo descendía rápidamente.

Također je naučio izbjegavati Davea kada su sanjke brzo krenule nizbrdo.

"Son perros muy buenos", le dijo orgulloso François a Perrault.

„To su vrlo dobri psi", ponosno je rekao François Perraultu.

"Ese Buck tira como un demonio. Le enseño rapidísimo".

„Taj Buck vuče kao ludo — učim ga kao nikad prije."

Más tarde ese día, Perrault regresó con dos perros husky más.

Kasnije tog dana, Perrault se vratio s još dva haskija.

Se llamaban Billee y Joe y eran hermanos.

Zvali su se Billee i Joe, i bili su braća.

Venían de la misma madre, pero no se parecían en nada.

Potjecali su od iste majke, ali uopće nisu bili slični.

Billee era de carácter dulce y muy amigable con todos.

Billee je bila blage naravi i previše prijateljski nastrojena prema svima.

Joe era todo lo contrario: tranquilo, enojado y siempre gruñendo.

Joe je bio sušta suprotnost - tih, ljut i uvijek režeći.

Buck los saludó de manera amigable y se mostró tranquilo con ambos.

Buck ih je prijateljski pozdravio i bio je miran s obojicom.

Dave no les prestó atención y permaneció en silencio como siempre.

Dave nije obraćao pažnju na njih i šutio je kao i obično.

Spitz atacó primero a Billee, luego a Joe, para demostrar su dominio.

Spitz je prvo napao Billeeja, a zatim Joea, kako bi pokazao svoju dominaciju.

Billee movió la cola y trató de ser amigable con Spitz.

Billee je mahao repom i pokušavao biti prijateljski nastrojen prema Spitzu.

Cuando eso no funcionó, intentó huir.

Kad to nije uspjelo, pokušao je umjesto toga pobjeći.

Lloró tristemente cuando Spitz lo mordió fuerte en el costado.

Tužno je plakao kad ga je Spitz snažno ugrizao u stranu.

Pero Joe era muy diferente y se negaba a dejarse intimidar.

Ali Joe je bio vrlo drugačiji i odbijao je biti maltretiran.

Cada vez que Spitz se acercaba, Joe giraba rápidamente para enfrentarlo.

Svaki put kad bi se Spitz približio, Joe bi se brzo okrenuo prema njemu.

Su pelaje se erizó, sus labios se curvaron y sus dientes chasquearon salvajemente.

Krzno mu se nakostriješilo, usne izvile, a zubi divlje škljocali.

Los ojos de Joe brillaron de miedo y rabia, desafiando a Spitz a atacar.

Joeove su oči sjale od straha i bijesa, izazivajući Spitza da udari.

Spitz abandonó la lucha y se alejó, humillado y enojado.

Spitz je odustao od borbe i okrenuo se, ponižen i ljut.

Descargó su frustración en el pobre Billee y lo ahuyentó.

Istjerao je svoju frustraciju na jadnom Billeeju i otjerao ga.

Esa noche, Perrault añadió un perro más al equipo.

Te večeri, Perrault je timu dodao još jednog psa.

Este perro era viejo, delgado y cubierto de cicatrices de batalla.

Ovaj pas je bio star, mršav i prekriven ožiljcima iz bitaka.

Le faltaba un ojo, pero el otro brillaba con poder.

Jedno mu je oko nedostajalo, ali drugo je snažno bljesnulo.

El nombre del nuevo perro era Solleks, que significaba "el enojado".

Novom psu je bilo ime Solleks, što je značilo Ljutiti.

Al igual que Dave, Solleks no pidió nada a los demás y no dio nada a cambio.

Poput Davea, Solleks nije ništa tražio od drugih, niti je što davao zauzvrat.

Cuando Solleks entró lentamente al campamento, incluso Spitz se mantuvo alejado.

Kad je Solleks polako ušao u logor, čak se i Spitz nije udaljio.

Tenía un hábito extraño que Buck tuvo la mala suerte de descubrir.

Imao je čudnu naviku koju Buck, nažalost, nije otkrio.

A Solleks le disgustaba que se acercaran a él por el lado donde estaba ciego.

Solleks je mrzio da mu se prilazi sa strane gdje je bio slijep.

Buck no sabía esto y cometió ese error por accidente.

Buck to nije znao i tu je grešku napravio slučajno.

Solleks se dio la vuelta y cortó el hombro de Buck profunda y rápidamente.

Solleks se okrenuo i duboko i brzo udario Bucka u rame.

A partir de ese momento, Buck nunca se acercó al lado ciego de Solleks.

Od tog trenutka nadalje, Buck se nikada nije približio Solleksovoj slijepoj strani.

Nunca volvieron a tener problemas durante el resto del tiempo que estuvieron juntos.

Nikada više nisu imali problema do kraja vremena koje su proveli zajedno.

Solleks sólo quería que lo dejaran solo, como el tranquilo Dave.

Solleks je samo želio da ga se ostavi na miru, poput tihog Davea.

Pero Buck se enteraría más tarde de que cada uno tenía otro objetivo secreto.

Ali Buck će kasnije saznati da je svaki od njih imao još jedan tajni cilj.

Esa noche, Buck se enfrentó a un nuevo y preocupante desafío: cómo dormir.

Te noći Buck se suočio s novim i mučnim izazovom - kako spavati.

La tienda brillaba cálidamente con la luz de las velas en el campo nevado.

Šator je toplo sjao svjetlošću svijeća na snježnom polju.

Buck entró, pensando que podría descansar allí como antes.

Buck je ušao unutra, misleći da se ondje može odmoriti kao i prije.

Pero Perrault y François le gritaron y le lanzaron sartenes.

Ali Perrault i François su vikali na njega i bacali tave.

Sorprendido y confundido, Buck corrió hacia el frío helado.

Šokiran i zbunjen, Buck je istrčao van na ledenu hladnoću.

Un viento amargo le azotó el hombro herido y le congeló las patas.

Oštar vjetar bockao ga je u ranjeno rame i smrzavao mu šape.

Se tumbó en la nieve y trató de dormir al aire libre.

Legao je na snijeg i pokušao spavati vani na otvorenom.

Pero el frío pronto le obligó a levantarse de nuevo, temblando mucho.

Ali hladnoća ga je ubrzo prisilila da se ponovno digne, snažno se tresući.

Deambuló por el campamento intentando encontrar un lugar más cálido.

Lutao je logorom, pokušavajući pronaći toplije mjesto.

Pero cada rincón estaba tan frío como el anterior.

Ali svaki kutak bio je jednako hladan kao i onaj prethodni.

A veces, perros salvajes saltaban sobre él desde la oscuridad.

Ponekad su divlji psi skakali na njega iz tame.

Buck erizó su pelaje, mostró los dientes y gruñó en señal de advertencia.

Buck se nakostriješio, pokazao zube i zarežao u znak upozorenja.

Estaba aprendiendo rápido y los otros perros se alejaban rápidamente.

Brzo je učio, a ostali psi su se brzo povlačili.

Aún así, no tenía dónde dormir ni idea de qué hacer.

Ipak, nije imao gdje spavati, niti je imao pojma što učiniti.

Por fin se le ocurrió una idea: ver cómo estaban sus compañeros de equipo.

Napokon mu je sinula misao - provjeriti svoje suigrače.

Regresó a su zona y se sorprendió al descubrir que habían desaparecido.

Vratio se u njihov kraj i iznenadio se kad ih je vidio da su otišli.

Nuevamente buscó por todo el campamento, pero todavía no pudo encontrarlos.

Ponovno je pretražio logor, ali ih i dalje nije mogao pronaći.

Sabía que ellos no podían estar en la tienda, o él también lo estaría.

Znao je da ne smiju biti u šatoru, inače bi i on bio.

Entonces ¿a dónde se habían ido todos los perros en este campamento helado?

Pa gdje su onda nestali svi psi u ovom smrznutom logoru?

Buck, frío y miserable, caminó lentamente alrededor de la tienda.

Buck, promrzao i jadan, polako je kružio oko šatora.

De repente, sus patas delanteras se hundieron en la nieve blanda y lo sobresaltó.

Odjednom su mu prednje noge utonule u mekani snijeg i prestrašile ga.

Algo se movió bajo sus pies y saltó hacia atrás asustado.

Nešto se migoljilo pod njegovim nogama i on je od straha odskočio unatrag.

Gruñó y rugió sin saber qué había debajo de la nieve.

Režao je i režao, ne znajući što se krije ispod snijega.

Entonces oyó un ladrido amistoso que alivió su miedo.

Tada je čuo prijateljski tihi lavež koji je ublažio njegov strah.

Olfateó el aire y se acercó para ver qué estaba oculto.

Ponjušio je zrak i prišao bliže da vidi što je skriveno.

Bajo la nieve, acurrucada en una bola cálida, estaba la pequeña Billee.

Pod snijegom, sklupčana u toplu lopticu, bila je mala Billee.

Billee movió la cola y lamió la cara de Buck para saludarlo.

Billee je mahao repom i polizao Buckovo lice kako bi ga pozdravio.

Buck vio cómo Billee había hecho un lugar para dormir en la nieve.

Buck je vidio kako je Billee napravila mjesto za spavanje u snijegu.

Había cavado y usado su propio calor para mantenerse caliente.

Kopao je i koristio vlastitu toplinu da se ugrije.

Buck había aprendido otra lección: así era como dormían los perros.

Buck je naučio još jednu lekciju - tako su psi spavali.

Eligió un lugar y comenzó a cavar su propio hoyo en la nieve.

Odabrao je mjesto i počeo kopati vlastitu rupu u snijegu.

Al principio, se movía demasiado y desperdiciaba energía.

U početku se previše kretao i trošio energiju.

Pero pronto su cuerpo calentó el espacio y se sintió seguro.

Ali ubrzo je njegovo tijelo zagrijalo prostor i osjećao se sigurno.

Se acurrucó fuertemente y al poco tiempo estaba profundamente dormido.

Čvrsto se sklupčao i ubrzo je čvrsto zaspao.

El día había sido largo y duro, y Buck estaba exhausto.

Dan je bio dug i naporan, a Buck je bio iscrpljen.

Durmió profundamente y cómodamente, aunque sus sueños fueron salvajes.

Spavao je duboko i udobno, iako su mu snovi bili divlji.

Gruñó y ladró mientras dormía, retorciéndose mientras soñaba.

Režao je i lajao u snu, uvijajući se dok je sanjao.

Buck no se despertó hasta que el campamento ya estaba cobrando vida.

Buck se nije probudio sve dok se logor već nije probudio.

Al principio, no sabía dónde estaba ni qué había sucedido.

U početku nije znao gdje je niti što se dogodilo.

Había nevado durante la noche y había enterrado completamente su cuerpo.

Snijeg je pao preko noći i potpuno zatrpao njegovo tijelo.

La nieve lo apretaba por todos lados.

Snijeg ga je pritiskao, čvrsto sa svih strana.

De repente, una ola de miedo recorrió todo el cuerpo de Buck.

Odjednom je val straha prostrujao cijelim Buckovim tijelom.

Era el miedo a quedar atrapado, un miedo que provenía de instintos profundos.

Bio je to strah od zarobljavanja, strah iz dubokih instinkta.

Aunque nunca había visto una trampa, el miedo vivía dentro de él.

Iako nikada nije vidio zamku, strah je živio u njemu.

Era un perro domesticado, pero ahora sus viejos instintos salvajes estaban despertando.

Bio je pitom pas, ali sada su se u njemu budili stari divlji instinkti.

Los músculos de Buck se tensaron y se le erizó el pelaje por toda la espalda.

Buckovi su se mišići napeli, a krzno mu se nakostriješilo po cijelim leđima.

Gruñó ferozmente y saltó hacia arriba a través de la nieve.

Žestoko je zarežao i skočio ravno kroz snijeg.

La nieve voló en todas direcciones cuando estalló la luz del día.

Snijeg je letio na sve strane dok je izbijao na dnevno svjetlo.

Incluso antes de aterrizar, Buck vio el campamento extendido ante él.

Čak i prije slijetanja, Buck je vidio kako se logor prostire pred njim.

Recordó todo del día anterior, de repente.

Sjetio se svega od prethodnog dana, odjednom.

Recordó pasear con Manuel y terminar en ese lugar.

Sjetio se šetnje s Manuelom i završetka na ovom mjestu.

Recordó haber cavado el hoyo y haberse quedado dormido en el frío.

Sjetio se kako je iskopao rupu i zaspao na hladnoći.

Ahora estaba despierto y el mundo salvaje que lo rodeaba estaba claro.

Sada je bio budan, a divlji svijet oko njega bio je jasan.

Un grito de François saludó la repentina aparición de Buck.

François je povikao pozdravom Buckovom iznenadnom pojavljivanju.

—¿Qué te dije? —gritó en voz alta el conductor del perro a Perrault.

„Što sam rekao?" glasno je povikao gonič psa Perraultu.

"Ese Buck sin duda aprende muy rápido", añadió François.

„Taj Buck stvarno uči brzo kao išta", doda François.

Perrault asintió gravemente, claramente satisfecho con el resultado.

Perrault je ozbiljno kimnuo, očito zadovoljan rezultatom.

Como mensajero del gobierno canadiense, transportaba despachos.

Kao kurir za kanadsku vladu, nosio je depeše.

Estaba ansioso por encontrar los mejores perros para su importante misión.

Bio je željan pronaći najbolje pse za svoju važnu misiju.

Se sintió especialmente complacido ahora que Buck era parte del equipo.

Osjećao se posebno zadovoljnim sada što je Buck bio dio tima.

Se agregaron tres huskies más al equipo en una hora.

U roku od sat vremena timu su dodana još tri haskija.

Eso elevó el número total de perros en el equipo a nueve.

Time se ukupan broj pasa u timu popeo na devet.

En quince minutos todos los perros estaban en sus arneses.

U roku od petnaest minuta svi su psi bili u svojim pojasevima.

El equipo de trineos avanzaba por el sendero hacia Dyea Cañón.

Sankaška zaprega se uspinjala stazom prema Dyea Canyonu.

Buck se sintió contento de partir, incluso si el trabajo que tenía por delante era duro.

Buck je bio sretan što odlazi, čak i ako je posao koji je pred njima bio težak.

Descubrió que no despreciaba especialmente el trabajo ni el frío.

Otkrio je da ne prezire osobito rad ili hladnoću.

Le sorprendió el entusiasmo que llenaba a todo el equipo.

Iznenadila ga je nestrpljivost koja je ispunila cijelu ekipu.

Aún más sorprendente fue el cambio que se produjo en Dave y Solleks.

Još iznenađujuća bila je promjena koja je zadesila Davea i Solleksa.

Estos dos perros eran completamente diferentes cuando estaban enjaezados.

Ova dva psa bila su potpuno različita kada su ih upregli.

Su pasividad y falta de preocupación habían desaparecido por completo.

Njihova pasivnost i nedostatak brige potpuno su nestali.

Estaban alertas y activos, y ansiosos por hacer bien su trabajo.

Bili su budni i aktivni te željni dobro obaviti svoj posao.

Se irritaban ferozmente ante cualquier cosa que causara retraso o confusión.

Postajali su žestoko iritirani svime što je uzrokovalo kašnjenje ili zbunjenost.

El duro trabajo en las riendas era el centro de todo su ser.

Naporan rad na uzdama bio je središte cijelog njihovog bića.

Tirar del trineo parecía ser lo único que realmente disfrutaban.

Vuča saonica činila se jedinom stvari u kojoj su istinski uživali.

Dave estaba en la parte de atrás del grupo, más cerca del trineo.

Dave je bio na začelju grupe, najbliži samim sanjkama.

Buck fue colocado delante de Dave, y Solleks se adelantó a Buck.

Buck je bio postavljen ispred Davea, a Solleks je pretrčao Bucka.

El resto de los perros estaban dispersos adelante, en una sola fila.

Ostali psi bili su razapeti naprijed u koloni za jednog.

La posición de cabeza en la parte delantera quedó ocupada por Spitz.

Vodeću poziciju na čelu popunio je Spitz.

Buck había sido colocado entre Dave y Solleks para recibir instrucción.

Buck je bio postavljen između Davea i Solleksa radi instrukcija.

Él aprendía rápido y sus profesores eran firmes y capaces.

Brzo je učio, a oni su bili čvrsti i sposobni učitelji.

Nunca permitieron que Buck permaneciera en el error por mucho tiempo.

Nikada nisu dopustili da Buck dugo ostane u zabludi.

Enseñaron sus lecciones con dientes afilados cuando era necesario.

Poučavali su svoje lekcije oštrim zubima kada je bilo potrebno.

Dave era justo y mostraba un tipo de sabiduría tranquila y seria.

Dave je bio pravedan i pokazivao je tihu, ozbiljnu vrstu mudrosti.

Él nunca mordió a Buck sin una buena razón para hacerlo.

Nikad nije ugrizao Bucka bez dobrog razloga za to.

Pero nunca dejó de morder cuando Buck necesitaba corrección.

Ali nikad nije propustio ugristi kad je Bucku trebalo ispraviti.

El látigo de Francisco estaba siempre listo y respaldaba su autoridad.

Françoisin bič je uvijek bio spreman i podupirao je njihov autoritet.

Buck pronto descubrió que era mejor obedecer que defenderse.

Buck je ubrzo shvatio da je bolje poslušati nego uzvratiti udarac.

Una vez, durante un breve descanso, Buck se enredó en las riendas.

Jednom, tijekom kratkog odmora, Buck se zapetljao u uzde.

Retrasó el inicio y confundió los movimientos del equipo.

Odgodio je početak i zbunio kretanje ekipe.

Dave y Solleks se abalanzaron sobre él y le dieron una paliza brutal.

Dave i Solleks su se navalili na njega i žestoko ga pretukli.

El enredo sólo empeoró, pero Buck aprendió bien la lección.

Zaplet se samo pogoršavao, ali Buck je dobro naučio lekciju.

A partir de entonces, mantuvo las riendas tensas y trabajó con cuidado.

Od tada je držao uzde zategnutima i radio pažljivo.

Antes de que terminara el día, Buck había dominado gran parte de su tarea.

Prije kraja dana, Buck je savladao veći dio svog zadatka.

Sus compañeros casi dejaron de corregirlo y morderlo.

Njegovi suigrači gotovo su prestali ispravljati ga ili gristi.

El látigo de François resonaba cada vez con menos frecuencia en el aire.

Françoisov bič je sve rjeđe pucketao zrakom.

Perrault incluso levantó los pies de Buck y examinó cuidadosamente cada pata.

Perrault je čak podigao Buckove noge i pažljivo pregledao svaku šapu.

Había sido un día de carrera duro, largo y agotador para todos ellos.

Bio je to težak dan trčanja, dug i iscrpljujući za sve njih.

Viajaron por el Cañón, atravesando Sheep Camp y pasando por Scales.

Putovali su uz kanjon, kroz Ovčji logor i pored Vage.

Cruzaron la línea de árboles, luego glaciares y bancos de nieve de muchos metros de profundidad.

Prešli su granicu šume, zatim ledenjake i snježne nanose duboke mnogo metara.

Escalaron la gran, fría y prohibitiva divisoria de Chilkoot.

Popeli su se na veliki, hladni i zastrašujući Chilkoot Divide.

Esa alta cresta se encontraba entre el agua salada y el interior helado.

Taj visoki greben stajao je između slane vode i smrznute unutrašnjosti.

Las montañas custodiaban con hielo y empinadas subidas el triste y solitario Norte.

Planine su ledom i strmim usponima čuvale tužni i usamljeni Sjever.

Avanzaron a buen ritmo por una larga cadena de lagos debajo de la divisoria.

Dobro su se spustili niz dugi lanac jezera ispod prijevoja.

Esos lagos llenaban los antiguos cráteres de volcanes extintos.

Ta su jezera ispunjavala drevne kratere ugaslih vulkana.

Tarde esa noche, llegaron a un gran campamento en el lago Bennett.

Kasno te noći stigli su do velikog logora na jezeru Bennett.

Miles de buscadores de oro estaban allí, construyendo barcos para la primavera.

Tisuće tragača za zlatom bile su tamo i gradile su brodove za proljeće.

El hielo se rompería pronto y tenían que estar preparados.

Led će se uskoro topiti i morali su biti spremni.

Buck cavó su hoyo en la nieve y cayó en un sueño profundo.

Buck je iskopao rupu u snijegu i duboko zaspao.

Durmió como un trabajador, exhausto por la dura jornada de trabajo.

Spavao je kao radnik, iscrpljen od teškog radnog dana.

Pero demasiado pronto, en la oscuridad, fue sacado del sueño.

Ali prerano u mraku, bio je izvučen iz sna.

Fue enganchado nuevamente con sus compañeros y sujeto al trineo.

Ponovno je bio upregnut sa svojim prijateljima i pričvršćen za saonice.

Aquel día hicieron cuarenta millas, porque la nieve estaba muy pisoteada.

Tog dana su prešli četrdeset milja, jer je snijeg bio dobro utaban.

Al día siguiente, y durante muchos días más, la nieve estaba blanda.

Sljedećeg dana, i mnogo dana nakon toga, snijeg je bio mekan.

Tuvieron que hacer el camino ellos mismos, trabajando más duro y moviéndose más lento.

Morali su sami probiti put, radeći više i krećući se sporije.

Por lo general, Perrault caminaba delante del equipo con raquetas de nieve palmeadas.

Obično je Perrault hodao ispred tima s krpljama s plivaćom mrežom.

Sus pasos compactaron la nieve, facilitando el movimiento del trineo.

Njegovi su koraci utabali snijeg, olakšavajući kretanje saonica.

François, que dirigía el barco desde la dirección, a veces tomaba el relevo.

François, koji je upravljao s kormilarske motke, ponekad je preuzimao kontrolu.

Pero era raro que François tomara la iniciativa.

Ali rijetko je François preuzimao vodstvo

porque Perrault tenía prisa por entregar las cartas y los paquetes.

jer se Perrault žurio s dostavom pisama i paketa.

Perrault estaba orgulloso de su conocimiento de la nieve, y especialmente del hielo.

Perrault je bio ponosan na svoje znanje o snijegu, a posebno ledu.

Ese conocimiento era esencial porque el hielo en otoño era peligrosamente delgado.

To je znanje bilo ključno, jer je jesenski led bio opasno tanak.

Allí donde el agua fluía rápidamente bajo la superficie, no había hielo en absoluto.

Tamo gdje je voda brzo tekla ispod površine, uopće nije bilo leda.

Día tras día, la misma rutina se repetía sin fin.

Dan za danom, ista rutina se ponavljala bez kraja.

Buck trabajó incansablemente en las riendas desde el amanecer hasta la noche.

Buck se beskrajno mučio na uzdama od zore do noći.

Abandonaron el campamento en la oscuridad, mucho antes de que saliera el sol.

Napustili su logor u mraku, mnogo prije nego što je sunce izašlo.

Cuando amaneció, ya habían recorrido muchos kilómetros.

Dok je svanulo, već su prešli mnogo kilometara.

Acamparon después del anochecer, comieron pescado y excavaron en la nieve.

Logor su podigli nakon mraka, jedući ribu i ukopavajući se u snijeg.

Buck siempre tenía hambre y nunca estaba realmente satisfecho con su ración.

Buck je uvijek bio gladan i nikad nije bio istinski zadovoljan svojom hranom.

Recibía una libra y media de salmón seco cada día.

Svaki dan je dobivao pola kilograma sušenog lososa.

Pero la comida parecía desaparecer dentro de él, dejando atrás el hambre.

Ali hrana kao da je nestajala u njemu, ostavljajući glad za sobom.

Sufría constantes dolores de hambre y soñaba con más comida.

Patio je od stalnih napadaja gladi i sanjao je o još hrane.

Los otros perros sólo ganaron una libra, pero se mantuvieron fuertes.

Drugi psi su dobili samo pola kilograma hrane, ali su ostali jaki.

Eran más pequeños y habían nacido en la vida del norte.

Bili su manji i rođeni su u sjevernjačkom načinu života.

Perdió rápidamente la meticulosidad que había caracterizado su antigua vida.

Brzo je izgubio pedantnost koja je obilježavala njegov stari život.

Había sido un comensal delicado, pero ahora eso ya no era posible.

Bio je profinjen izjelica, ali sada to više nije bilo moguće.

Sus compañeros terminaron primero y le robaron su ración sobrante.

Njegovi prijatelji su prvi završili i oteli mu nedovršenu porciju.

Una vez que empezaron, no había forma de defender su comida de ellos.

Kad su počeli, nije bilo načina da obrani svoju hranu od njih.

Mientras él luchaba contra dos o tres perros, los otros le robaron el resto.

Dok se on borio s dva ili tri psa, ostali su ukrali ostale.

Para solucionar esto, comenzó a comer tan rápido como los demás.

Da bi to popravio, počeo je jesti jednako brzo kao i ostali.

El hambre lo empujó tan fuerte que incluso tomó comida que no era suya.

Glad ga je toliko tjerala da je čak uzimao i hranu koja nije bila njegova.

Observó a los demás y aprendió rápidamente de sus acciones.

Promatrao je ostale i brzo učio iz njihovih postupaka.

Vio a Pike, un perro nuevo, robarle una rebanada de tocino a Perrault.

Vidio je Pikea, novog psa, kako krade krišku slanine od Perraulta.

Pike había esperado hasta que Perrault se dio la espalda para robarle el tocino.

Pike je čekao da Perrault okrene leđa kako bi ukrao slaninu.

Al día siguiente, Buck copió a Pike y robó todo el trozo.

Sljedećeg dana, Buck je kopirao Pikea i ukrao cijeli komad.

Se produjo un gran alboroto, pero no se sospechó de Buck.

Uslijedila je velika buka, ali Buck nije bio sumnjiv.

Dub, un perro torpe que siempre era atrapado, fue castigado.

Umjesto toga kažnjen je Dub, nespretni pas koji se uvijek nađe uhvaćen.

Ese primer robo marcó a Buck como un perro apto para sobrevivir en el Norte.

Ta prva krađa označila je Bucka kao psa sposobnog preživjeti Sjever.

Demostró que podía adaptarse a nuevas condiciones y aprender rápidamente.

Pokazao je da se može brzo prilagoditi novim uvjetima i učiti.

Sin esa adaptabilidad, habría muerto rápida y gravemente.

Bez takve prilagodljivosti, umro bi brzo i teško.

También marcó el colapso de su naturaleza moral y de sus valores pasados.

To je također označilo slom njegove moralne prirode i prošlih vrijednosti.

En el Sur, había vivido bajo la ley del amor y la bondad.

U Jugu je živio po zakonu ljubavi i dobrote.

Allí tenía sentido respetar la propiedad y los sentimientos de los otros perros.

Tamo je imalo smisla poštivati vlasništvo i osjećaje drugih pasa.

Pero en el Norte se aplicaba la ley del garrote y la ley del colmillo.

Ali Sjeverozapad je slijedio zakon palice i zakon očnjaka.

Quienquiera que respetara los viejos valores aquí sería un tonto y fracasaría.

Tko god je ovdje poštovao stare vrijednosti, bio je glup i propao bi.

Buck no razonó todo esto en su mente.

Buck nije sve to razradio u sebi.

Estaba en forma y se adaptó sin necesidad de pensar.

Bio je u formi pa se prilagodio bez potrebe za razmišljanjem.

Durante toda su vida, nunca había huido de una pelea.

Cijeli svoj život nikada nije pobjegao od borbe.

Pero el garrote de madera del hombre del suéter rojo cambió esa regla.

Ali drvena palica čovjeka u crvenom džemperu promijenila je to pravilo.

Ahora seguía un código más profundo y antiguo escrito en su ser.

Sada je slijedio dublji, stariji kod upisan u njegovo biće.

No robó por placer sino por el dolor del hambre.
Nije krao iz zadovoljstva, već iz boli gladi.
Él nunca robaba abiertamente, sino que hurtaba con astucia y cuidado.
Nikada nije otvoreno pljačkao, već je krao lukavo i pažljivo.
Actuó por respeto al garrote de madera y por miedo al colmillo.
Djelovao je iz poštovanja prema drvenoj toljagi i straha od očnjaka.
En resumen, hizo lo que era más fácil y seguro que no hacerlo.
Ukratko, učinio je ono što je bilo lakše i sigurnije nego ne učiniti.
Su desarrollo —o quizás su regreso a los viejos instintos— fue rápido.
Njegov razvoj - ili možda njegov povratak starim instinktima - bio je brz.
Sus músculos se endurecieron hasta sentirse tan fuertes como el hierro.
Mišići su mu se stvrdnuli sve dok nisu postali jaki poput željeza.
Ya no le importaba el dolor, a menos que fuera grave.
Više ga nije bilo briga za bol, osim ako nije bila ozbiljna.
Se volvió eficiente por dentro y por fuera, sin desperdiciar nada.
Postao je učinkovit iznutra i izvana, ne trošeći ništa uzalud.
Podía comer cosas viles, podridas o difíciles de digerir.
Mogao je jesti stvari koje su bile odvratne, trule ili teško probavljive.
Todo lo que comía, su estómago aprovechaba hasta el último vestigio de valor.
Što god je jeo, njegov je želudac iskoristio svaki djelić vrijednosti.
Su sangre transportaba los nutrientes a través de su poderoso cuerpo.
Njegova krv je nosila hranjive tvari daleko kroz njegovo snažno tijelo.

Esto creó tejidos fuertes que le dieron una resistencia increíble.

To je izgradilo jaka tkiva koja su mu dala nevjerojatnu izdržljivost.

Su vista y su olfato se volvieron mucho más sensibles que antes.

Njegov vid i njuh postali su mnogo osjetljiviji nego prije.

Su audición se agudizó tanto que podía detectar sonidos débiles durante el sueño.

Sluh mu se toliko izoštrio da je mogao čuti slabe zvukove u snu.

Sabía en sueños si los sonidos significaban seguridad o peligro.

U snovima je znao znače li zvukovi sigurnost ili opasnost.

Aprendió a morder el hielo entre los dedos de los pies con los dientes.

Naučio je zubima gristi led između prstiju.

Si un charco de agua se congelaba, rompía el hielo con las piernas.

Ako bi se pojilo zaledilo, probio bi led nogama.

Se encabritó y golpeó con fuerza el hielo con sus rígidas patas delanteras.

Propeo se i snažno udario o led ukočenim prednjim udovima.

Su habilidad más sorprendente era predecir los cambios del viento durante la noche.

Njegova najupečatljivija sposobnost bila je predviđanje promjena vjetra tijekom noći.

Incluso cuando el aire estaba quieto, elegía lugares protegidos del viento.

Čak i kad je zrak bio miran, birao je mjesta zaštićena od vjetra.

Dondequiera que cavaba su nido, el viento del día siguiente lo pasaba de largo.

Gdje god je iskopao gnijezdo, vjetar sljedećeg dana ga je prošao.

Siempre acababa abrigado y protegido, a sotavento de la brisa.

Uvijek je završavao udobno smješten i zaštićen, u zavjetrini od povjetarca.

Buck no sólo aprendió con la experiencia: sus instintos también regresaron.

Buck nije samo učio iz iskustva - i njegovi su se instinkti vratili.

Los hábitos de las generaciones domesticadas comenzaron a desaparecer.

Navike pripitomljenih generacija počele su nestajati.

De manera vaga, recordaba los tiempos antiguos de su raza.

Na nejasne načine, sjećao se davnih vremena svoje vrste.

Recordó cuando los perros salvajes corrían en manadas por los bosques.

Sjetio se vremena kada su divlji psi trčali u čoporima kroz šume.

Habían perseguido y matado a su presa mientras la perseguían.

Progonili su i ubili svoj plijen dok su ga gonili.

Para Buck fue fácil aprender a pelear con dientes y velocidad.

Bucku je bilo lako naučiti kako se boriti zubima i brzinom.

Utilizaba cortes, tajos y chasquidos rápidos igual que sus antepasados.

Koristio je rezove, posjekotine i brze pucketaje baš kao i njegovi preci.

Aquellos antepasados se agitaron dentro de él y despertaron su naturaleza salvaje.

Ti su se preci u njemu probudili i probudili njegovu divlju prirodu.

Sus antiguas habilidades habían pasado a él a través de la línea de sangre.

Njihove stare vještine prešle su na njega kroz krvnu lozu.

Sus trucos ahora eran suyos, sin necesidad de práctica ni esfuerzo.

Njihovi trikovi su sada bili njegovi, bez potrebe za vježbom ili trudom.

En las noches frías y quietas, Buck levantaba la nariz y aullaba.

U mirnim, hladnim noćima, Buck je dizao nos i zavijao.

Aulló largo y profundamente, como lo hacían los lobos antaño.

Zavijao je dugo i duboko, onako kako su to vukovi činili davno prije.

A través de él, sus antepasados muertos apuntaron sus narices y aullaron.

Kroz njega su njegovi mrtvi preci pokazivali nosove i zavijali.

Aullaron a través de los siglos con su voz y su forma.

Zavijali su kroz stoljeća njegovim glasom i oblikom.

Sus cadencias eran las de ellos, viejos gritos que hablaban de dolor y frío.

Njegovi ritmovi bili su njihovi, stari krici koji su govorili o tuzi i hladnoći.

Cantaron sobre la oscuridad, el hambre y el significado del invierno.

Pjevali su o tami, o gladi i značenju zime.

Buck demostró cómo la vida está determinada por fuerzas ajenas a uno mismo.

Buck je dokazao kako život oblikuju sile izvan nas samih,

La antigua canción se elevó a través de Buck y se apoderó de su alma.

Drevna pjesma prostrujala je Buckom i obuzela mu dušu.

Se encontró a sí mismo porque los hombres habían encontrado oro en el Norte.

Pronašao se jer su ljudi pronašli zlato na Sjeveru.

Y se encontró porque Manuel, el ayudante del jardinero, necesitaba dinero.

I našao se jer je Manuelu, vrtlarovom pomoćniku, trebao novac.

La Bestia Primordial Dominante
Dominantna Praiskonska Zvijer

La bestia primordial dominante era tan fuerte como siempre en Buck.

Dominantna iskonska zvijer bila je u Bucku jaka kao i uvijek.

Pero la bestia primordial dominante yacía latente en él.

Ali dominantna iskonska zvijer drijemala je u njemu.

La vida en el camino era dura, pero fortalecía a la bestia que Buck llevaba dentro.

Život na stazi bio je surov, ali je ojačao zvijer u Bucku.

En secreto, la bestia se hacía cada día más fuerte.

Zvijer je potajno postajala sve jača i jača svakim danom.

Pero ese crecimiento interior permaneció oculto para el mundo exterior.

Ali taj unutarnji rast ostao je skriven vanjskom svijetu.

Una fuerza primordial, tranquila y calmada se estaba construyendo dentro de Buck.

Tiha i mirna iskonska sila stvarala se u Bucku.

Una nueva astucia le proporcionó a Buck equilibrio, calma, control y aplomo.

Nova lukavost dala je Bucku ravnotežu, smirenu kontrolu i staloženost.

Buck se concentró mucho en adaptarse, sin sentirse nunca totalmente relajado.

Buck se snažno usredotočio na prilagodbu, nikada se ne osjećajući potpuno opušteno.

Él evitaba los conflictos, nunca iniciaba peleas ni buscaba problemas.

Izbjegavao je sukobe, nikada nije započinjao svađe niti tražio probleme.

Una reflexión lenta y constante moldeó cada movimiento de Buck.

Spora, postojana promišljenost oblikovala je svaki Buckov pokret.

Evitó las elecciones precipitadas y las decisiones repentinas e imprudentes.

Izbjegavao je brzoplete izbore i iznenadne, nepromišljene odluke.

Aunque Buck odiaba profundamente a Spitz, no le mostró ninguna agresión.

Iako je Buck duboko mrzio Spitza, nije pokazivao nikakvu agresiju prema njemu.

Buck nunca provocó a Spitz y mantuvo sus acciones moderadas.

Buck nikada nije provocirao Spitza i držao se suzdržano u svojim postupcima.

Spitz, por otro lado, percibió el creciente peligro en Buck.

Spitz je, s druge strane, osjetio rastuću opasnost u Bucku.

Él veía a Buck como una amenaza y un serio desafío a su poder.

Bucka je vidio kao prijetnju i ozbiljan izazov svojoj moći.

Aprovechó cada oportunidad para gruñir y mostrar sus afilados dientes.

Koristio je svaku priliku da zareži i pokaže oštre zube.

Estaba tratando de iniciar la pelea mortal que estaba por venir.

Pokušavao je započeti smrtonosnu borbu koja je morala doći.

Al principio del viaje casi se desató una pelea entre ellos.

Na početku putovanja, gotovo je izbila tučnjava među njima.

Pero un accidente inesperado detuvo la pelea.

Ali neočekivana nesreća spriječila je borbu.

Esa tarde acamparon en el gélido lago Le Barge.

Te večeri postavili su logor na jako hladnom jezeru Le Barge.

La nieve caía con fuerza y el viento cortaba como un cuchillo.

Snijeg je padao snažno, a vjetar je rezao kao nož.

La noche había llegado demasiado rápido y la oscuridad los rodeaba.

Noć je pala prebrzo i obavila ih je tama.

Difícilmente podrían haber elegido un peor lugar para descansar.

Teško su mogli odabrati gore mjesto za odmor.

Los perros buscaban desesperadamente un lugar donde tumbarse.
Psi su očajnički tražili mjesto za leći.
Detrás del pequeño grupo se alzaba una alta pared de roca.
Visoki kameni zid strmo se uzdizao iza male skupine.
La tienda de campaña había sido abandonada en Dyea para aligerar la carga.
Šator je bio ostavljen u Dyei kako bi se olakšao teret.
No les quedó más remedio que hacer el fuego sobre el propio hielo.
Nisu imali drugog izbora nego zapaliti vatru na samom ledu.
Extendieron sus batas para dormir directamente sobre el lago helado.
Raširili su svoje spavaćice direktno na zaleđenom jezeru.
Unos cuantos palitos de madera flotante les dieron un poco de fuego.
Nekoliko naplavljenih drva dalo im je malo vatre.
Pero el fuego se construyó sobre el hielo y se descongeló a través de él.
Ali vatra je bila naložena na ledu i odmrznula se kroz njega.
Al final, estaban comiendo su cena en la oscuridad.
Napokon su večerali u mraku.
Buck se acurrucó junto a la roca, protegido del viento frío.
Buck se sklupčao pokraj stijene, zaklonjen od hladnog vjetra.
El lugar era tan cálido y seguro que Buck odiaba mudarse.
Mjesto je bilo tako toplo i sigurno da se Buck mrzio odseliti.
Pero François había calentado el pescado y estaba repartiendo raciones.
Ali François je podgrijao ribu i dijelio je obroke.
Buck terminó de comer rápidamente y regresó a su cama.
Buck je brzo završio s jelom i vratio se u krevet.
Pero Spitz ahora estaba acostado donde Buck había hecho su cama.
Ali Spitz je sada ležao tamo gdje mu je Buck namjestio krevet.
Un gruñido bajo advirtió a Buck que Spitz se negaba a moverse.
Tiho režanje upozorilo je Bucka da se Spitz odbija pomaknuti.

Hasta ahora, Buck había evitado esta pelea con Spitz.

Do sada je Buck izbjegavao ovu borbu sa Spitzom.

Pero en lo más profundo de Buck la bestia finalmente se liberó.

Ali duboko u Bucku, zvijer se konačno oslobodila.

El robo de su lugar para dormir era algo demasiado difícil de tolerar.

Krađa njegovog mjesta za spavanje bila je previše za tolerirati.

Buck se lanzó hacia Spitz, lleno de ira y rabia.

Buck se bacio na Spitza, pun ljutnje i bijesa.

Hasta ahora Spitz había pensado que Buck era sólo un perro grande.

Do nedavno, Spitz je mislio da je Buck samo veliki pas.

No creía que Buck hubiera sobrevivido a través de su espíritu.

Nije mislio da je Buck preživio zahvaljujući svom duhu.

Esperaba miedo y cobardía, no furia y venganza.

Očekivao je strah i kukavičluk, a ne bijes i osvetu.

François se quedó mirando mientras los dos perros salían del nido en ruinas.

François je zurio dok su oba psa iskakala iz razorenog gnijezda.

Comprendió de inmediato lo que había iniciado la salvaje lucha.

Odmah je shvatio što je započelo divlju borbu.

—¡Ah! —gritó François en apoyo del perro marrón.

„Aa-ah!" uzviknuo je François podržavajući smeđeg psa.

¡Dale una paliza! ¡Por Dios, castiga a ese ladrón astuto!

"Daj mu batine! Bože, kazni tog podmuklog lopova!"

Spitz mostró la misma disposición y un entusiasmo salvaje por luchar.

Spitz je pokazao jednaku spremnost i divlju želju za borbom.

Gritó de rabia mientras giraba rápidamente en busca de una abertura.

Bijesno je kriknuo dok je brzo kružio tražeći otvor.

Buck mostró el mismo hambre de luchar y la misma cautela.

Buck je pokazao istu glad za borbom i isti oprez.

También rodeó a su oponente, intentando obtener la ventaja en la batalla.
Kružio je i oko svog protivnika, pokušavajući steći prednost u borbi.

Entonces sucedió algo inesperado y lo cambió todo.
Tada se dogodilo nešto neočekivano i sve promijenilo.

Ese momento retrasó la eventual lucha por el liderazgo.
Taj trenutak je odgodio konačnu borbu za vodstvo.

Muchos kilómetros de camino y lucha aún nos esperaban antes del final.
Mnogo kilometara puta i borbe još je čekalo do kraja.

Perrault gritó un juramento cuando un garrote impactó contra el hueso.
Perrault je viknuo psovku dok je toljaga udarila o kost.

Se escuchó un agudo grito de dolor y luego el caos explotó por todas partes.
Uslijedio je oštar krik boli, a zatim je kaos eksplodirao posvuda.

En el campamento se movían figuras oscuras: perros esquimales salvajes, hambrientos y feroces.
Tamne su se siluete kretale logorom; divlji haskiji, izgladnjeli i divlji.

Cuatro o cinco docenas de perros esquimales habían olfateado el campamento desde lejos.
Četiri ili pet tuceta haskija nanjušilo je logor izdaleka.

Se habían colado sigilosamente mientras los dos perros peleaban cerca.
Tiho su se ušuljali dok su se dva psa svađala u blizini.

François y Perrault atacaron con garrotes a los invasores.
François i Perrault su jurnuli, zamahujući palicama prema osvajačima.

Los perros esquimales hambrientos mostraron los dientes y contraatacaron frenéticamente.
Izgladnjeli haskiji pokazali su zube i mahnito uzvratili.

El olor a carne y a pan les había hecho perder todo miedo.
Miris mesa i kruha otjerao ih je iz ruku sav strah.

Perrault golpeó a un perro que había enterrado su cabeza en el cajón de comida.

Perrault je pretukao psa koji je zario glavu u kutiju s hranom.

El golpe fue muy fuerte y la caja se volcó, derramándose comida.

Udarac je bio snažan, kutija se prevrnula i hrana se prosula.

En cuestión de segundos, una veintena de bestias salvajes destrozaron el pan y la carne.

Za nekoliko sekundi, desetak divljih zvijeri rastrgalo je kruh i meso.

Los garrotes de los hombres asestaron golpe tras golpe, pero ningún perro se apartó.

Muške palice su zadavale udarac za udarcem, ali nijedan pas se nije okrenuo.

Aullaron de dolor, pero lucharon hasta que no quedó comida.

Zavijali su od boli, ali su se borili sve dok im nije ostalo hrane.

Mientras tanto, los perros de trineo habían saltado de sus camas nevadas.

U međuvremenu, psi za vuču saonica skočili su iz svojih snježnih kreveta.

Fueron atacados instantáneamente por los feroces y hambrientos huskies.

Odmah su ih napali okrutni gladni haskiji.

Buck nunca había visto criaturas tan salvajes y hambrientas antes.

Buck nikada prije nije vidio tako divlja i izgladnjela stvorenja.

Su piel colgaba suelta, ocultando apenas sus esqueletos.

Koža im je visjela opušteno, jedva skrivajući kosture.

Había un fuego en sus ojos, de hambre y locura.

U njihovim očima gorjela je vatra, od gladi i ludila

No había manera de detenerlos, de resistirse a su ataque salvaje.

Nije ih se moglo zaustaviti; nije se moglo oduprijeti njihovom divljem naletu.

Los perros de trineo fueron empujados hacia atrás y presionados contra la pared del acantilado.

Psi za saonice bili su odgurnuti unatrag, pritisnuti uz zid litice.

Tres perros esquimales atacaron a Buck a la vez, desgarrando su carne.

Tri haskija su odjednom napala Bucka, kidajući mu meso.

La sangre le brotaba de la cabeza y de los hombros, donde había recibido el corte.

Krv mu je curila iz glave i ramena, gdje je bio porezan.

El ruido llenó el campamento: gruñidos, aullidos y gritos de dolor.

Buka je ispunila logor; režanje, cviljenje i bolni krici.

Billee gritó fuerte, como siempre, atrapada en la pelea y el pánico.

Billee je glasno plakala, kao i obično, uhvaćena usred svađe i panike.

Dave y Solleks estaban uno al lado del otro, sangrando pero desafiantes.

Dave i Solleks stajali su jedan pored drugoga, krvareći, ali prkosno.

Joe peleó como un demonio, mordiendo todo lo que se acercaba.

Joe se borio kao demon, grizući sve što mu se približilo.

Aplastó la pata de un husky con un brutal chasquido de sus mandíbulas.

Jednim brutalnim škljocanjem čeljusti zdrobio je haskiju nogu.

Pike saltó sobre el husky herido y le rompió el cuello instantáneamente.

Štuka je skočila na ranjenog haskija i odmah mu slomila vrat.

Buck agarró a un husky por el cuello y le arrancó la vena.

Buck je uhvatio haskija za grlo i rastrgao mu venu.

La sangre salpicó y el sabor cálido llevó a Buck al frenesí.

Krv je prskala, a topli okus je Bucka izludio.

Se abalanzó sobre otro atacante sin dudarlo.

Bez oklijevanja se bacio na drugog napadača.

En ese mismo momento, unos dientes afilados se clavaron en la garganta de Buck.

U istom trenutku, oštri zubi zarili su se u Buckovo grlo.

Spitz había atacado desde un costado, sin previo aviso.

Spitz je udario sa strane, napadajući bez upozorenja.

Perrault y François habían derrotado a los perros robando la comida.

Perrault i François su pobijedili pse koji su krali hranu.

Ahora se apresuraron a ayudar a sus perros a luchar contra los atacantes.

Sada su požurili pomoći svojim psima u borbi protiv napadača.

Los perros hambrientos se retiraron mientras los hombres blandían sus garrotes.

Izgladnjeli psi su se povukli dok su muškarci zamahivali svojim palicama.

Buck se liberó del ataque, pero el escape fue breve.

Buck se oslobodio napada, ali bijeg je bio kratak.

Los hombres corrieron a salvar a sus perros, y los huskies volvieron a atacarlos.

Muškarci su potrčali spasiti svoje pse, a haskiji su se ponovno rojili.

Billee, aterrorizado y valiente, saltó hacia la jauría de perros.

Billee, prestrašena i hrabra, skočila je u čopor pasa.

Pero luego huyó a través del hielo, presa del terror y el pánico.

Ali onda je pobjegao preko leda, u čistom užasu i panici.

Pike y Dub los siguieron de cerca, corriendo para salvar sus vidas.

Pike i Dub su ih slijedili u stopu, bježeći spašavajući živote.

El resto del equipo se separó y se dispersó, siguiéndolos.

Ostatak tima se raspršio i krenuo za njima.

Buck reunió sus fuerzas para correr, pero entonces vio un destello.

Buck je skupio snagu da potrči, ali tada je ugledao bljesak.

Spitz se abalanzó sobre el costado de Buck, intentando derribarlo al suelo.

Spitz se skočio na Bucka, pokušavajući ga srušiti na tlo.

Bajo esa turba de perros esquimales, Buck no habría tenido escapatoria.

Pod tom ruljom haskija, Buck ne bi imao bijega.

Pero Buck se mantuvo firme y se preparó para el golpe de Spitz.
Ali Buck je stajao čvrsto i pripremio se za Spitzov udarac.
Luego se dio la vuelta y salió corriendo al hielo con el equipo que huía.
Zatim se okrenuo i istrčao na led s ekipom u bijegu.

Más tarde, los nueve perros de trineo se reunieron al abrigo del bosque.
Kasnije se devet pasa za vuču saonica okupilo u zaklonu šume.
Ya nadie los perseguía, pero estaban maltratados y heridos.
Nitko ih više nije progonio, ali su bili pretučeni i ranjeni.
Cada perro tenía heridas: cuatro o cinco cortes profundos en cada cuerpo.
Svaki pas je imao rane; četiri ili pet dubokih posjekotina na svakom tijelu.
Dub tenía una pata trasera herida y ahora le costaba caminar.
Dub je imao ozlijeđenu stražnju nogu i sada se mučio hodati.
Dolly, la perrita más nueva de Dyea, tenía la garganta cortada.
Dolly, najnoviji pas iz Dyee, imao je prerezan grkljan.
Joe había perdido un ojo y la oreja de Billee estaba cortada en pedazos.
Joe je izgubio oko, a Billeeju je uho bilo rasječeno na komadiće.
Todos los perros lloraron de dolor y derrota durante toda la noche.
Svi su psi cijelu noć plakali od boli i poraza.
Al amanecer regresaron al campamento doloridos y destrozados.
U zoru su se prikrali natrag u logor, bolni i slomljeni.
Los perros esquimales habían desaparecido, pero el daño ya estaba hecho.
Haskiji su nestali, ali šteta je bila učinjena.
Perrault y François estaban de mal humor ante las ruinas.
Perrault i François stajali su loše volje nad ruševinama.

La mitad de la comida había desaparecido, robada por los ladrones hambrientos.

Polovica hrane je nestala, ukrali su je gladni lopovi.

Los perros esquimales habían destrozado las ataduras y la lona del trineo.

Haskiji su prodrli kroz vezove saonica i platno.

Todo lo que tenía olor a comida había sido devorado por completo.

Sve što je mirisalo na hranu bilo je potpuno proždirano.

Se comieron un par de botas de viaje de piel de alce de Perrault.

Pojeli su par Perraultovih putnih čizama od losove kože.

Masticaban correas de cuero y arruinaban las correas hasta dejarlas inservibles.

Žvakali su kožne reise i uništavali remene do te mjere da su bili neupotrebljivi.

François dejó de mirar el látigo roto para revisar a los perros.

François je prestao zuriti u poderanu biču kako bi provjerio pse.

—Ah, amigos míos —dijo en voz baja y llena de preocupación.

„Ah, prijatelji moji", rekao je tihim glasom punim brige.

"Tal vez todas estas mordeduras os conviertan en bestias locas."

„Možda će vas svi ovi ugrizi pretvoriti u lude zvijeri."

—¡Quizás todos sean perros rabiosos, sacredam! ¿Qué opinas, Perrault?

„Možda su svi ludi psi, sacredam! Što misliš, Perrault?"

Perrault meneó la cabeza; sus ojos estaban oscuros por la preocupación y el miedo.

Perrault je odmahnuo glavom, oči su mu bile tamne od zabrinutosti i straha.

Todavía había cuatrocientas millas entre ellos y Dawson.

Između njih i Dawsona još je bilo četiristo milja.

La locura canina ahora podría destruir cualquier posibilidad de supervivencia.

Pseće ludilo sada bi moglo uništiti svaku šansu za preživljavanje.

Pasaron dos horas maldiciendo y tratando de arreglar el engranaje.

Proveli su dva sata psujući i pokušavajući popraviti opremu.

El equipo herido finalmente abandonó el campamento, destrozado y derrotado.

Ranjena ekipa je konačno napustila logor, slomljena i poražena.

Éste fue el camino más difícil hasta ahora y cada paso era doloroso.

Ovo je bila najteža staza do sada, i svaki korak je bio bolan.

El río Treinta Millas no se había congelado y su caudal corría con fuerza.

Rijeka Trideset milja nije se zaledila i divlje je jurila.

Sólo en los lugares tranquilos y en los remolinos el hielo logró retenerse.

Samo na mirnim mjestima i u vrtložnim virovima led se uspio održati.

Pasaron seis días de duro trabajo hasta recorrer las treinta millas.

Prošlo je šest dana teškog rada dok se trideset milja nije prešlo.

Cada kilómetro del camino traía consigo peligro y amenaza de muerte.

Svaka milja staze donosila je opasnost i prijetnju smrću.

Los hombres y los perros arriesgaban sus vidas con cada doloroso paso.

Muškarci i psi riskirali su svoje živote svakim bolnim korakom.

Perrault rompió delgados puentes de hielo una docena de veces diferentes.

Perrault je probijao tanke ledene mostove desetak puta.

Llevó un palo y lo dejó caer sobre el agujero que había hecho su cuerpo.

Nosio je motku i pustio je da padne preko rupe koju je napravilo njegovo tijelo.

Más de una vez ese palo salvó a Perrault de ahogarse.

Više puta je taj stup spasio Perraulta od utapanja.

La ola de frío se mantuvo firme y el aire estaba a cincuenta grados bajo cero.

Hladni val se držao čvrsto, zrak je bio pedeset stupnjeva ispod nule.

Cada vez que se caía, Perrault tenía que encender un fuego para sobrevivir.

Svaki put kad bi upao, Perrault je morao zapaliti vatru da bi preživio.

La ropa mojada se congelaba rápidamente, por lo que la secaba cerca del calor abrasador.

Mokra odjeća se brzo smrzavala, pa ju je sušil blizu žarke vrućine.

Ningún miedo afectó jamás a Perrault, y eso lo convirtió en mensajero.

Perraulta nikada nije obuzeo strah, i to ga je činilo glasnikom.

Fue elegido para el peligro y lo afrontó con tranquila resolución.

Bio je izabran za opasnost i suočio se s njom s tihom odlučnošću.

Avanzó contra el viento, con el rostro arrugado y congelado.

Gurao se naprijed u vjetar, smežurano lice mu je bilo promrzlo.

Desde el amanecer hasta el anochecer, Perrault los condujo hacia adelante.

Od slabašnog svitanja do sumraka, Perrault ih je vodio naprijed.

Caminó sobre un estrecho borde de hielo que se agrietaba con cada paso.

Hodao je po uskom rubu leda koji je pucao sa svakim korakom.

No se atrevieron a detenerse: cada pausa suponía el riesgo de un colapso mortal.

Nisu se usudili stati - svaka pauza riskirala je smrtonosni kolaps.

Una vez, el trineo se abrió paso y arrastró a Dave y Buck.

Jednom su se saonice probile, povukavši Davea i Bucka unutra.

Cuando los liberaron, ambos estaban casi congelados.

Dok su ih izvukli, oboje su bili gotovo smrznuti.

Los hombres hicieron un fuego rápidamente para mantener con vida a Buck y Dave.

Muškarci su brzo naložili vatru kako bi Buck i Dave ostali živi.

Los perros estaban cubiertos de hielo desde la nariz hasta la cola, rígidos como madera tallada.

Psi su bili prekriveni ledom od nosa do repa, ukočeni poput rezbarenog drva.

Los hombres los hicieron correr en círculos cerca del fuego para descongelar sus cuerpos.

Muškarci su ih kružili blizu vatre kako bi im odmrznuli tijela.

Se acercaron tanto a las llamas que su pelaje se quemó.

Prišli su toliko blizu plamenu da im je krzno bilo spaljeno.

Luego Spitz rompió el hielo y arrastró al equipo detrás de él.

Spitz je sljedeći probio led, povlačeći za sobom ekipu.

La ruptura llegó hasta donde Buck estaba tirando.

Prekid je dosezao sve do mjesta gdje je Buck vukao.

Buck se reclinó con fuerza hacia atrás, sus patas resbalaron y temblaron en el borde.

Buck se snažno nagnuo unatrag, šape su mu klizile i drhtale na rubu.

Dave también se esforzó hacia atrás, justo detrás de Buck en la línea.

Dave se također naprezao unatrag, odmah iza Bucka na liniji.

François tiró del trineo; sus músculos crujían por el esfuerzo.

François je vukao sanjke, mišići su mu pucali od napora.

En otra ocasión, el borde del hielo se agrietó delante y detrás del trineo.

Drugi put, rubni led je pukao ispred i iza saonica.

No tenían otra salida que escalar una pared del acantilado congelado.

Nisu imali drugog izlaza osim penjanja uz zaleđenu liticu.

De alguna manera Perrault logró escalar el muro; un milagro lo mantuvo con vida.

Perrault se nekako popeo na zid; čudo ga je održalo na životu.

François se quedó abajo, rezando por tener la misma suerte.

François je ostao dolje, moleći se za istu vrstu sreće.

Ataron todas las correas, amarres y tirantes hasta formar una cuerda larga.

Svezali su svaki remen, konop i trag u jedno dugo uže.

Los hombres subieron cada perro, uno a uno, hasta la cima.

Muškarci su vukli svakog psa gore, jednog po jednog, do vrha.

François subió el último, después del trineo y toda la carga.

François se popeo zadnji, nakon saonica i cijelog tereta.

Entonces comenzó una larga búsqueda de un camino para bajar de los acantilados.

Tada je započela duga potraga za stazom koja vodi dolje s litica.

Finalmente descendieron usando la misma cuerda que habían hecho.

Konačno su se spustili koristeći isto uže koje su sami napravili.

La noche cayó cuando regresaron al lecho del río, exhaustos y doloridos.

Pala je noć dok su se vraćali u korito rijeke, iscrpljeni i bolni.

El día completo les había proporcionado sólo un cuarto de milla de ganancia.

Trebao im je cijeli dan da pređu samo četvrt milje.

Cuando llegaron a Hootalinqua, Buck estaba agotado.

Dok su stigli do Hootalinque, Buck je bio iscrpljen.

Los demás perros sufrieron igual de mal las condiciones del sendero.

Ostali psi su jednako teško patili od uvjeta na stazi.

Pero Perrault necesitaba recuperar tiempo y los presionaba cada día.

Ali Perrault je trebao nadoknaditi vrijeme i svaki ih je dan gurao naprijed.

El primer día viajaron treinta millas hasta Big Salmon.

Prvog dana putovali su trideset milja do Big Salmona.

Al día siguiente viajaron treinta y cinco millas hasta Little Salmon.

Sljedećeg dana putovali su trideset pet milja do Little Salmona.

Al tercer día avanzaron a través de cuarenta largas y heladas millas.
Trećeg dana su se probili kroz dugačkih četrdeset zaleđenih milja.
Para entonces, se estaban acercando al asentamiento de Five Fingers.
Do tada su se približavali naselju Pet Prsta.

Los pies de Buck eran más suaves que los duros pies de los huskies nativos.
Buckove su noge bile mekše od tvrdih nogu domaćih haskija.
Sus patas se habían vuelto tiernas a lo largo de muchas generaciones civilizadas.
Šape su mu omekšale tijekom mnogih civiliziranih generacija.
Hace mucho tiempo, sus antepasados habían sido domesticados por hombres del río o cazadores.
Davno su njegove pretke pripitomili riječni ljudi ili lovci.
Todos los días Buck cojeaba de dolor, caminando sobre sus patas doloridas y en carne viva.
Buck je svaki dan šepao od boli, hodajući po izubijanim, bolnim šapama.
En el campamento, Buck cayó como un cuerpo sin vida sobre la nieve.
U logoru, Buck se srušio poput beživotnog tijela na snijeg.
Aunque estaba hambriento, Buck no se levantó a comer su cena.
Iako je bio izgladnjen, Buck nije ustao da pojede večeru.
François le trajo a Buck su ración, poniendo pescado junto a su hocico.
François je donio Bucku njegovu hranu, stavljajući mu ribu kraj njuške.
Cada noche, el conductor frotaba los pies de Buck durante media hora.
Svake noći vozač je masirao Buckove noge pola sata.
François incluso cortó sus propios mocasines para hacer calzado para perros.

François je čak i sam izrezao mokasine kako bi napravio obuću za pse.

Cuatro zapatos cálidos le dieron a Buck un gran y bienvenido alivio.

Četiri tople cipele pružile su Bucku veliko i dobrodošlo olakšanje.

Una mañana, François olvidó los zapatos y Buck se negó a levantarse.

Jednog jutra, François je zaboravio cipele, a Buck je odbio ustati.

Buck yacía de espaldas, con los pies en el aire, agitándolos lastimeramente.

Buck je ležao na leđima, s nogama u zraku, jadno mašući njima.

Incluso Perrault sonrió al ver la dramática súplica de Buck.

Čak se i Perrault nasmiješio pri pogledu na Buckovu dramatičnu molbu.

Pronto los pies de Buck se endurecieron y los zapatos pudieron desecharse.

Uskoro su Bucku otvrdnula stopala i cipele su se mogle baciti.

En Pelly, durante el periodo de uso del arnés, Dolly emitió un aullido terrible.

U Pellyju, za vrijeme jahanja, Dolly je ispustila strašan zavijati.

El grito fue largo y lleno de locura, sacudiendo a todos los perros.

Krik je bio dug i ispunjen ludošću, tresući svakog psa.

Cada perro se erizaba de miedo sin saber el motivo.

Svaki se pas nakostriješio od straha ne znajući razlog.

Dolly se volvió loca y se arrojó directamente hacia Buck.

Dolly je poludjela i bacila se ravno na Bucka.

Buck nunca había visto la locura, pero el horror llenó su corazón.

Buck nikada nije vidio ludilo, ali užas mu je ispunio srce.

Sin pensarlo, se dio la vuelta y huyó presa del pánico absoluto.

Bez razmišljanja, okrenuo se i pobjegao u potpunoj panici.

Dolly lo persiguió con los ojos desorbitados y la saliva saliendo de sus mandíbulas.

Dolly ga je progonila, divljih očiju, slina joj je letjela iz čeljusti.

Ella se mantuvo justo detrás de Buck, sin ganar terreno ni quedarse atrás.

Držala se odmah iza Bucka, nikada ga ne sustižući niti nazadujući.

Buck corrió a través del bosque, bajó por la isla y cruzó el hielo irregular.

Buck je trčao kroz šumu, niz otok, preko nazubljenog leda.

Cruzó hacia una isla, luego hacia otra, dando la vuelta nuevamente hasta el río.

Prešao je do jednog otoka, zatim do drugog, vraćajući se kružeći prema rijeci.

Aún así Dolly lo persiguió, con su gruñido detrás de cada paso.

Dolly ga je i dalje progonila, režeći odmah iza sebe na svakom koraku.

Buck podía oír su respiración y su rabia, aunque no se atrevía a mirar atrás.

Buck je mogao čuti njezin dah i bijes, iako se nije usudio pogledati unatrag.

François gritó desde lejos y Buck se giró hacia la voz.

François je viknuo izdaleka, a Buck se okrenuo prema glasu.

Todavía jadeando en busca de aire, Buck pasó corriendo, poniendo toda su esperanza en François.

Još uvijek hvatajući zrak, Buck je protrčao, polažući svu nadu u Françoisa.

El conductor del perro levantó un hacha y esperó mientras Buck pasaba volando.

Vozač psa podigao je sjekiru i čekao dok je Buck proletio.

El hacha cayó rápidamente y golpeó la cabeza de Dolly con una fuerza mortal.

Sjekira se brzo spustila i udarila Dolly u glavu smrtonosnom snagom.

Buck se desplomó cerca del trineo, jadeando e incapaz de moverse.

Buck se srušio blizu saonica, hripajući i nesposoban za kretanje.

Ese momento le dio a Spitz la oportunidad de golpear a un enemigo exhausto.

Taj trenutak je Spitzu dao priliku da udari iscrpljenog protivnika.

Mordió a Buck dos veces, desgarrando la carne hasta el hueso blanco.

Dvaput je ugrizao Bucka, rastrgavši meso do bijele kosti.

El látigo de François hizo chasquear el látigo y golpeó a Spitz con toda su fuerza y furia.

Françoisov bič je pucketao, udarivši Spitza punom, bijesnom snagom.

Buck observó con alegría cómo Spitz recibía la paliza más dura que había recibido hasta entonces.

Buck je s radošću gledao kako Spitz prima svoje najžešće batine do sada.

"Es un demonio ese Spitz", murmuró Perrault para sí mismo.

„Pravi je vrag, taj Spitz", mračno je promrmljao Perrault sam sebi.

"Algún día, ese maldito perro matará a Buck, lo juro".

„Uskoro će taj prokleti pas ubiti Bucka - kunem se."

—Ese Buck tiene dos demonios dentro —respondió François asintiendo.

„Taj Buck ima dva vraga u sebi", odgovori François kimajući glavom.

"Cuando veo a Buck, sé que algo feroz le aguarda dentro".

„Kad gledam Bucka, znam da u njemu čeka nešto žestoko."

"Un día se pondrá furioso y destrozará a Spitz".

„Jednog dana će se razbjesniti kao vatra i rastrgati Spitza na komadiće."

"Masticará a ese perro y lo escupirá en la nieve congelada".

„Prožvakat će tog psa i ispljunuti ga na smrznuti snijeg."

"Estoy seguro de que lo sé en lo más profundo de mi ser".

„Naravno da znam to duboko u sebi."

A partir de ese momento los dos perros quedaron en guerra.

Od tog trenutka nadalje, dva psa su bila u ratu.

Spitz lideró al equipo y mantuvo el poder, pero Buck lo desafió.

Spitz je predvodio momčad i imao moć, ali Buck je to osporio.

Spitz vio su rango amenazado por este extraño extraño de Southland.

Spitz je vidio kako mu je rang ugrožen ovim čudnim strancem iz Južne zemlje.

Buck no se parecía a ningún otro perro sureño que Spitz hubiera conocido antes.

Buck nije bio nalik nijednom južnjačkom psu kojeg je Spitz prije poznavao.

La mayoría de ellos fracasaron: eran demasiado débiles para sobrevivir al frío y al hambre.

Većina ih je propala - preslabi da bi preživjeli hladnoću i glad.

Murieron rápidamente bajo el trabajo, las heladas y el lento ardor del hambre.

Brzo su umirali od rada, mraza i sporog žara gladi.

Buck se destacó: cada día más fuerte, más inteligente y más salvaje.

Buck se izdvajao - svakim danom jači, pametniji i divljiji.

Prosperó a pesar de las dificultades y creció hasta alcanzar el nivel de los perros esquimales del norte.

Napredovao je u teškoćama, rastući kako bi se mogao mjeriti sa sjevernim haskijima.

Buck tenía fuerza, habilidad salvaje y un instinto paciente y mortal.

Buck je imao snagu, divlju vještinu i strpljiv, smrtonosni instinkt.

El hombre con el garrote había golpeado la temeridad de Buck.

Čovjek s palicom je pretukao Bucka da bude nepromišljen.

La furia ciega desapareció y fue reemplazada por una astucia silenciosa y control.

Slijepi bijes je nestao, zamijenila ga je tiha lukavština i kontrola.

Esperó, tranquilo y primario, observando el momento adecuado.

Čekao je, miran i iskonski, tražeći pravi trenutak.
Su lucha por el mando se hizo inevitable y clara.
Njihova borba za prevlast postala je neizbježna i jasna.
Buck deseaba el liderazgo porque su espíritu lo exigía.
Buck je želio vodstvo jer je to zahtijevao njegov duh.
Lo impulsaba el extraño orgullo nacido del camino y del arnés.
Pokretao ga je čudan ponos rođen iz staze i uprege.
Ese orgullo hizo que los perros tiraran hasta caer sobre la nieve.
Taj ponos je tjerao pse da vuku dok se ne bi srušili na snijeg.
El orgullo los llevó a dar toda la fuerza que tenían.
Ponos ih je namamio da daju svu snagu koju su imali.
El orgullo puede atraer a un perro de trineo incluso hasta el punto de la muerte.
Ponos može namamiti psa za vuču saonica čak i do smrti.
La pérdida del arnés dejó a los perros rotos y sin propósito.
Gubitak pojasa ostavio je pse slomljene i bez svrhe.
El corazón de un perro de trineo puede quedar aplastado por la vergüenza cuando se retira.
Srce psa za vuču saonica može biti slomljeno od srama kada se povuku.
Dave vivió con ese orgullo mientras arrastraba el trineo desde atrás.
Dave je živio s tim ponosom dok je vukao sanjke odostraga.
Solleks también lo dio todo con fuerza y lealtad.
I Solleks je dao sve od sebe s nepokolebljivom snagom i odanošću.
Cada mañana, el orgullo los transformaba de amargados a decididos.
Svakog jutra, ponos ih je od ogorčenosti pretvarao u odlučnost.
Empujaron todo el día y luego se quedaron en silencio al final del campamento.
Gurali su cijeli dan, a onda su utihnuli na kraju logora.
Ese orgullo le dio a Spitz la fuerza para poner a raya a los evasores.

Taj ponos dao je Spitzu snagu da nadmudri one koji gube namjeru.

Spitz temía a Buck porque Buck tenía ese mismo orgullo profundo.

Spitz se bojao Bucka jer je Buck nosio isti taj duboki ponos.

El orgullo de Buck ahora se agitó contra Spitz, y no se detuvo.

Buckov se ponos sada uzburkao protiv Spitza i nije stao.

Buck desafió el poder de Spitz y le impidió castigar a los perros.

Buck je prkosio Spitzovoj moći i spriječio ga da kažnjava pse.

Cuando otros fallaron, Buck se interpuso entre ellos y su líder.

Kad su drugi podbacili, Buck je stao između njih i njihovog vođe.

Lo hizo con intención, dejando claro y abierto su desafío.

Učinio je to s namjerom, čineći svoj izazov otvorenim i jasnim.

Una noche, una fuerte nevada cubrió el mundo con un profundo silencio.

Jedne noći gusti snijeg prekrio je svijet dubokom tišinom.

A la mañana siguiente, Pike, perezoso como siempre, no se levantó para ir a trabajar.

Sljedećeg jutra, Pike, lijen kao i uvijek, nije ustao za posao.

Se quedó escondido en su nido bajo una gruesa capa de nieve.

Ostao je skriven u svom gnijezdu pod debelim slojem snijega.

François gritó y buscó, pero no pudo encontrar al perro.

François je dozivao i tražio, ali nije mogao pronaći psa.

Spitz se puso furioso y atravesó furioso el campamento cubierto de nieve.

Spitz se razbjesnio i projurio kroz snijegom prekriveni logor.

Gruñó y olfateó, cavando frenéticamente con ojos llameantes.

Režao je i njuškao, luđački kopajući gorućim očima.

Su rabia era tan feroz que Pike tembló de miedo bajo la nieve.

Njegov bijes bio je toliko žestok da se Pike tresao pod snijegom od straha.

Cuando finalmente encontraron a Pike, Spitz se abalanzó sobre él para castigar al perro que estaba escondido.

Kad je Pike napokon pronađen, Spitz je skočio kazniti psa koji se skrivao.

Pero Buck saltó entre ellos con una furia igual a la de Spitz.

Ali Buck je skočio između njih s bijesom jednakim Spitzovom.

El ataque fue tan repentino e inteligente que Spitz cayó al suelo.

Napad je bio toliko iznenadan i pametan da je Spitz pao s nogu.

Pike, que estaba temblando, se animó ante este desafío.

Pike, koji se tresao, ohrabri se zbog ovog prkosa.

Saltó sobre el Spitz caído, siguiendo el audaz ejemplo de Buck.

Skočio je na palog Spitza, slijedeći Buckov smjeli primjer.

Buck, que ya no estaba obligado por la justicia, se unió a la huelga de Spitz.

Buck, više ne vezan pravičnošću, pridružio se štrajku na Spitzu.

François, divertido pero firme en su disciplina, blandió su pesado látigo.

François, zabavljen, ali čvrst u disciplini, zamahnuo je svojim teškim bičem.

Golpeó a Buck con todas sus fuerzas para acabar con la pelea.

Udario je Bucka svom snagom kako bi prekinuo borbu.

Buck se negó a moverse y se quedó encima del líder caído.

Buck se odbio pomaknuti i ostao je na vrhu palog vođe.

François entonces utilizó el mango del látigo y golpeó con fuerza a Buck.

François je zatim upotrijebio dršku biča i snažno udario Bucka.

Tambaleándose por el golpe, Buck cayó hacia atrás bajo el asalto.

Posrćući od udarca, Buck se srušio pod napadom.

François golpeó una y otra vez mientras Spitz castigaba a Pike.

François je udarao iznova i iznova dok je Spitz kažnjavao Pikea.

Pasaron los días y Dawson City estaba cada vez más cerca.

Dani su prolazili, a Dawson City je postajao sve bliže i bliže.

Buck seguía interfiriendo, interponiéndose entre Spitz y otros perros.

Buck se stalno miješao, uvlačeći se između Spitza i drugih pasa.

Elegía bien sus momentos, esperando siempre que François se marchase.

Dobro je birao trenutke, uvijek čekajući da François ode.

La rebelión silenciosa de Buck se extendió y el desorden se arraigó en el equipo.

Buckova tiha pobuna se proširila, a nered se ukorijenio u timu.

Dave y Solleks se mantuvieron leales, pero otros se volvieron rebeldes.

Dave i Solleks ostali su vjerni, ali drugi su postali neposlušni.

El equipo empeoró: se volvió inquieto, pendenciero y fuera de lugar.

Tim je postajao sve gori - nemiran, svađalački nastrojen i izvan okvira.

Ya nada funcionaba con fluidez y las peleas se volvieron algo habitual.

Ništa više nije funkcioniralo glatko, a tučnjave su postale uobičajene.

Buck permaneció en el corazón del problema, provocando siempre malestar.

Buck je ostao u središtu problema, uvijek izazivajući nemire.

François se mantuvo alerta, temeroso de la pelea entre Buck y Spitz.

François je ostao na oprezu, bojeći se borbe između Bucka i Spitza.

Cada noche, las peleas lo despertaban, temiendo que finalmente llegara el comienzo.

Svake noći budile su ga tučnjave, bojeći se da je konačno stigao početak.

Saltó de su túnica, dispuesto a detener la pelea.

Skočio je sa svoje halje, spreman prekinuti borbu.

Pero el momento nunca llegó y finalmente llegaron a Dawson.

Ali taj trenutak nikada nije došao i napokon su stigli do Dawsona.

El equipo entró en la ciudad una tarde sombría, tensa y silenciosa.

Ekipa je ušla u grad jednog tmurnog poslijepodneva, napeta i tiha.

La gran batalla por el liderazgo todavía estaba suspendida en el aire.

Velika bitka za vodstvo još je uvijek visjela u ledenom zraku.

Dawson estaba lleno de hombres y perros de trineo, todos ocupados con el trabajo.

Dawson je bio pun ljudi i pasa za saonice, svi zauzeti poslom.

Buck observó a los perros tirar cargas desde la mañana hasta la noche.

Buck je od jutra do večeri promatrao kako psi vuku terete.

Transportaban troncos y leña y transportaban suministros a las minas.

Prevozili su trupce i ogrjevno drvo, prevozili zalihe u rudnike.

Donde antes trabajaban los caballos en las tierras del sur, ahora trabajaban los perros.

Tamo gdje su nekada na Jugu radili konji, sada su mučili psi.

Buck vio algunos perros del sur, pero la mayoría eran huskies parecidos a lobos.

Buck je vidio neke pse s juga, ali većina su bili haskiji nalik vukovima.

Por la noche, como un reloj, los perros alzaban sus voces cantando.

Noću, poput sata, psi su podizali glasove u pjesmi.

A las nueve, a las doce y de nuevo a las tres, empezó el canto.

U devet, u ponoć i opet u tri, pjevanje je počelo.

A Buck le encantaba unirse a su canto misterioso, de sonido salvaje y antiguo.

Buck se volio pridružiti njihovom jezivom napjevu, divljeg i drevnog zvuka.

La aurora llameó, las estrellas bailaron y la nieve cubrió la tierra.

Aurora je plamtjela, zvijezde su plesale, a snijeg je prekrivao zemlju.

El canto de los perros se elevó como un grito contra el silencio y el frío intenso.

Pseća pjesma uzdizala se kao krik protiv tišine i prodorne hladnoće.

Pero su aullido contenía tristeza, no desafío, en cada larga nota.

Ali njihov urlik sadržavao je tugu, a ne prkos, u svakoj dugoj noti.

Cada grito lamentable estaba lleno de súplica: el peso de la vida misma.

Svaki jecajni krik bio je pun molbe; teret samog života.

Esa canción era vieja, más vieja que las ciudades y más vieja que los incendios.

Ta pjesma je bila stara - starija od gradova i starija od požara

Aquella canción era más antigua incluso que las voces de los hombres.

Ta je pjesma bila drevnija čak i od ljudskih glasova.

Era una canción del mundo joven, cuando todas las canciones eran tristes.

Bila je to pjesma iz mladog svijeta, kada su sve pjesme bile tužne.

La canción transportaba el dolor de incontables generaciones de perros.

Pjesma je nosila tugu bezbrojnih generacija pasa.

Buck sintió la melodía profundamente, gimiendo por un dolor arraigado en los siglos.

Buck je duboko osjetio melodiju, stenjajući od boli ukorijenjene u stoljećima.

Sollozaba por un dolor tan antiguo como la sangre salvaje en sus venas.

Jecao je od tuge stare kao divlja krv u njegovim venama.

El frío, la oscuridad y el misterio tocaron el alma de Buck.

Hladnoća, tama i misterij dirnuli su Buckovu dušu.

Esa canción demostró hasta qué punto Buck había regresado a sus orígenes.

Ta je pjesma dokazala koliko se Buck vratio svojim korijenima.

Entre la nieve y los aullidos había encontrado el comienzo de su propia vida.

Kroz snijeg i zavijanje pronašao je početak vlastitog života.

Siete días después de llegar a Dawson, partieron nuevamente.

Sedam dana nakon dolaska u Dawson, ponovno su krenuli na put.

El equipo descendió del cuartel hasta el sendero Yukon.

Tim se spustio iz vojarne do Yukon Traila.

Comenzaron el viaje de regreso hacia Dyea y Salt Water.

Započeli su putovanje natrag prema Dyei i Salt Wateru.

Perrault llevaba despachos aún más urgentes que antes.

Perrault je nosio još hitnije depeše nego prije.

También se sintió dominado por el orgullo por el sendero y se propuso establecer un récord.

Također ga je obuzeo ponos na stazu i cilj mu je bio postaviti rekord.

Esta vez, varias ventajas estaban del lado de Perrault.

Ovaj put, nekoliko prednosti bilo je na Perraultovoj strani.

Los perros habían descansado durante una semana entera y recuperaron su fuerza.

Psi su se odmarali cijeli tjedan i povratili snagu.

El camino que ellos habían abierto ahora estaba compactado por otros.

Stazu koju su oni prokrčili sada su drugi čvrsto utabali.

En algunos lugares, la policía había almacenado comida tanto para perros como para hombres.

Na nekim mjestima policija je imala uskladištenu hranu i za pse i za muškarce.

Perrault viajaba ligero, moviéndose rápido y con poco que lo pesara.

Perrault je putovao s malo prtljage, krećući se brzo i s malo što bi ga opterećivalo.

Llegaron a Sixty-Mile, un recorrido de cincuenta millas, en la primera noche.

Prve noći stigli su do Šezdesete milje, trke od pedeset milja.

El segundo día, se apresuraron a subir por el Yukón hacia Pelly.

Drugog dana, jurili su uz Yukon prema Pellyju.

Pero estos grandes avances implicaron un gran esfuerzo para François.

Ali takav lijep napredak došao je s velikim naporom za Françoisa.

La rebelión silenciosa de Buck había destrozado la disciplina del equipo.

Buckova tiha pobuna uništila je disciplinu tima.

Ya no tiraban juntos como una sola bestia bajo las riendas.

Više se nisu vukli zajedno kao jedna zvijer u uzdama.

Buck había llevado a otros al desafío mediante su valiente ejemplo.

Buck je svojim hrabrim primjerom naveo druge na prkos.

La orden de Spitz ya no fue recibida con miedo ni respeto.

Spitzova zapovijed više nije bila dočekana sa strahom ili poštovanjem.

Los demás perdieron el respeto que le tenían y se atrevieron a resistirse a su gobierno.

Ostali su izgubili strahopoštovanje prema njemu i usudili su se oduprijeti njegovoj vladavini.

Una noche, Pike robó medio pescado y se lo comió bajo la mirada de Buck.

Jedne noći, Pike je ukrao pola ribe i pojeo je pred Buckovim okom.

Otra noche, Dub y Joe pelearon contra Spitz y quedaron impunes.

Jedne druge noći, Dub i Joe su se potukli sa Spitzom i prošli nekažnjeno.

Incluso Billee se quejó con menos dulzura y mostró una nueva agudeza.

Čak je i Billee cvilila manje slatko i pokazala novu oštrinu.

Buck le gruñó a Spitz cada vez que se cruzaban.

Buck je zarežao na Spitza svaki put kad bi im se putevi ukrstili.

La actitud de Buck se volvió audaz y amenazante, casi como la de un matón.

Buckov stav je postao drzak i prijeteći, gotovo poput nasilnika.

Caminó delante de Spitz con arrogancia, lleno de amenaza burlona.

Koračao je pred Spitzom s hvalisavim izrazom lica, punim podrugljive prijetnje.

Ese colapso del orden se extendió también entre los perros de trineo.

Taj slom reda proširio se i među psima za vuču saonica.

Pelearon y discutieron más que nunca, llenando el campamento de ruido.

Svađali su se i prepirali više nego ikad, ispunjavajući logor bukom.

La vida en el campamento se convertía cada noche en un caos salvaje y aullante.

Život u logoru se svake noći pretvarao u divlji, urlajući kaos.

Sólo Dave y Solleks permanecieron firmes y concentrados.

Samo su Dave i Solleks ostali mirni i usredotočeni.

Pero incluso ellos se enojaron por las peleas constantes.

Ali čak su i oni postali nagle živci zbog stalnih tučnjava.

François maldijo en lenguas extrañas y pisoteó con frustración.

François je psovao na čudnim jezicima i frustrirano gazio nogama.

Se tiró del pelo y gritó mientras la nieve volaba bajo sus pies.

Čupao je kosu i vikao dok je snijeg letio pod njegovim nogama.

Su látigo azotó a la manada, pero apenas logró mantenerlos bajo control.

Bič mu je škljocnuo preko čopora, ali ih je jedva zadržao u redu.

Cada vez que él le daba la espalda, la lucha estallaba de nuevo.

Kad god bi okrenuo leđa, borba bi ponovno izbila.

François utilizó el látigo para azotar a Spitz, mientras Buck lideraba a los rebeldes.

François je bičem udario Spitza, dok je Buck predvodio pobunjenike.

Cada uno conocía el papel del otro, pero Buck evitó cualquier culpa.

Svaki je znao ulogu onog drugog, ali Buck je izbjegavao bilo kakvu okrivljavanje.

François nunca sorprendió a Buck iniciando una pelea o eludiendo su trabajo.

François nikada nije uhvatio Bucka kako započinje tučnjavu ili izbjegava posao.

Buck trabajó duro con el arnés; el trabajo ahora emocionaba su espíritu.

Buck je naporno radio u ormi - naporan rad je sada uzbuđivao njegov duh.

Pero encontró aún más alegría al provocar peleas y caos en el campamento.

Ali još je više radosti pronalazio u izazivanju tučnjava i kaosa u logoru.

Una noche, en la desembocadura del Tahkeena, Dub asustó a un conejo.

Jedne večeri, na Tahkeeninim ustima, Dub je preplašio zeca.

Falló el tiro y el conejo con raquetas de nieve saltó lejos.

Promašio je hvatanje i zec na krpljama je odskočio.

En cuestión de segundos, todo el equipo de trineo los persiguió con gritos salvajes.

Za nekoliko sekundi, cijela zaprega je krenula u potjeru uz divlje krike.

Cerca de allí, un campamento de la Policía del Noroeste albergaba cincuenta perros husky.

U blizini, u kampu sjeverozapadne policije bilo je smješteno pedeset haskija.

Se unieron a la caza y navegaron juntos por el río helado.

Pridružili su se lovu, zajedno jureći niz zaleđenu rijeku.

El conejo se desvió del río y huyó hacia el lecho congelado del arroyo.

Zec je skrenuo s rijeke, bježeći uz zaleđeno korito potoka.

El conejo saltaba suavemente sobre la nieve mientras los perros se abrían paso con dificultad.

Zec je lagano skakutao po snijegu dok su se psi probijali kroz njega.

Buck lideró la enorme manada de sesenta perros en cada curva.

Buck je vodio golemi čopor od šezdeset pasa oko svakog vijugavog zavoja.

Avanzó lentamente y con entusiasmo, pero no pudo ganar terreno.

Gurao se naprijed, nisko i nestrpljivo, ali nije mogao steći prednost.

Su cuerpo brillaba bajo la pálida luna con cada poderoso salto.

Tijelo mu je bljesnulo pod blijedim mjesecom sa svakim snažnim skokom.

Más adelante, el conejo se movía como un fantasma, silencioso y demasiado rápido para atraparlo.

Naprijed se zec kretao poput duha, tih i prebrz da bi ga se uhvatilo.

Todos esos viejos instintos —el hambre, la emoción— se apoderaron de Buck.

Svi ti stari instinkti - glad, uzbuđenje - prožimali su Bucka.

Los humanos a veces sienten este instinto y se ven impulsados a cazar con armas de fuego y balas.

Ljudi ponekad osjećaju taj instinkt, vođeni lovom puškom i metkom.

Pero Buck sintió este sentimiento a un nivel más profundo y personal.

Ali Buck je taj osjećaj osjećao na dubljoj i osobnijoj razini.

No podían sentir lo salvaje en su sangre como Buck podía sentirlo.

Nisu mogli osjetiti divljinu u svojoj krvi onako kako ju je Buck mogao osjetiti.

Persiguió carne viva, dispuesto a matar con los dientes y saborear la sangre.

Jurio je za živim mesom, spreman ubiti zubima i okusiti krv.

Su cuerpo se tensó de alegría, queriendo bañarse en la cálida vida roja.

Tijelo mu se napelo od radosti, želeći se okupati u toplom crvenom životu.

Una extraña alegría marca el punto más alto que la vida puede alcanzar.

Čudna radost označava najvišu točku koju život ikada može dosegnuti.

La sensación de una cima donde los vivos olvidan que están vivos.

Osjećaj vrhunca gdje živi zaboravljaju da su uopće živi.

Esta alegría profunda conmueve al artista perdido en una inspiración ardiente.

Ta duboka radost dira umjetnika izgubljenog u plamtećoj inspiraciji.

Esta alegría se apodera del soldado que lucha salvajemente y no perdona a ningún enemigo.

Ta radost obuzima vojnika koji se divlje bori i ne štedi nijednog neprijatelja.

Esta alegría ahora se apoderó de Buck mientras lideraba la manada con hambre primaria.

Ta radost sada je obuzela Bucka dok je predvodio čopor u iskonskoj gladi.

Aulló con el antiguo grito del lobo, emocionado por la persecución en vida.

Zavijao je drevnim vučjim krikom, uzbuđen živom potjerom.

Buck recurrió a la parte más antigua de sí mismo, perdida en la naturaleza.

Buck je dotaknuo najstariji dio sebe, izgubljen u divljini.

Llegó a lo más profundo, más allá de la memoria, al tiempo crudo y antiguo.

Posegnuo je duboko u sebe, u prošlost sjećanja, u sirovo, drevno vrijeme.

Una ola de vida pura recorrió cada músculo y tendón.

Val čistog života prostrujao je kroz svaki mišić i tetivu.

Cada salto gritaba que vivía, que avanzaba a través de la muerte.

Svaki skok je vikao da živi, da se kreće kroz smrt.

Su cuerpo se elevaba alegremente sobre una tierra quieta y fría que nunca se movía.

Njegovo tijelo se radosno vinulo nad mirnom, hladnom zemljom koja se nikada nije micala.

Spitz se mantuvo frío y astuto, incluso en sus momentos más salvajes.

Spitz je ostao hladan i lukav, čak i u svojim najluđim trenucima.

Dejó el sendero y cruzó el terreno donde el arroyo se curvaba ampliamente.

Napustio je stazu i prešao preko zemlje gdje je potok široko zavijao.

Buck, sin darse cuenta de esto, permaneció en el sinuoso camino del conejo.

Buck, nesvjestan toga, ostao je na zečjoj vijugavoj stazi.

Entonces, cuando Buck dobló una curva, el conejo fantasmal estaba frente a él.

Tada, dok je Buck zaobilazio zavoj, zec nalik duhu našao se pred njim.

Vio una segunda figura saltar desde la orilla delante de la presa.

Vidio je drugu figuru kako skače s obale ispred plijena.

La figura era Spitz, aterrizando justo en el camino del conejo que huía.

Figura je bila Spitz, koji je sletio točno na put zecu u bijegu.

El conejo no pudo girar y se encontró con las fauces de Spitz en el aire.
Zec se nije mogao okrenuti i u zraku je sreo Spitzove čeljusti.

La columna vertebral del conejo se rompió con un chillido tan agudo como el grito de un humano moribundo.
Zečja kralježnica slomila se uz krik oštar poput plača umirućeg čovjeka.

Ante ese sonido, la caída de la vida a la muerte, la manada aulló fuerte.
Na taj zvuk - pad iz života u smrt - čopor je glasno zaurlao.

Un coro salvaje se elevó detrás de Buck, lleno de oscuro deleite.
Divlji zbor se podigao iza Bucka, pun mračnog užitka.

Buck no emitió ningún grito ni sonido y se lanzó directamente hacia Spitz.
Buck nije kriknuo, nije ispustio ni glasa, već je jurnuo ravno na Spitza.

Apuntó a la garganta, pero en lugar de eso golpeó el hombro.
Ciljao je u grlo, ali je umjesto toga pogodio rame.

Cayeron sobre la nieve blanda; sus cuerpos trabados en combate.
Prevrtali su se kroz mekani snijeg; njihova su tijela bila zbijena u borbi.

Spitz se levantó rápidamente, como si nunca lo hubieran derribado.
Spitz je brzo skočio, kao da nikada nije pao.

Cortó el hombro de Buck y luego saltó para alejarse de la pelea.
Posjekao je Bucka po ramenu, a zatim skočio iz borbe.

Sus dientes chasquearon dos veces como trampas de acero y sus labios se curvaron y fueron feroces.
Dvaput su mu zubi škljocnuli poput čeličnih zamki, usne su mu bile izvijene i žestoke.

Retrocedió lentamente, buscando terreno firme bajo sus pies.
Polako se povukao, tražeći čvrsto tlo pod nogama.

Buck comprendió el momento instantánea y completamente.

Buck je odmah i potpuno shvatio trenutak.

Había llegado el momento; la lucha iba a ser una lucha a muerte.

Vrijeme je došlo; borba će biti borba do smrti.

Los dos perros daban vueltas, gruñendo, con las orejas planas y los ojos entrecerrados.

Dva psa su kružila, režeći, spljoštenih ušiju i suženih očiju.

Cada perro esperaba que el otro mostrara debilidad o un paso en falso.

Svaki je pas čekao da onaj drugi pokaže slabost ili pogrešan korak.

Para Buck, la escena era inquietantemente conocida y recordada profundamente.

Bucku se ta scena činila jezivo poznatom i duboko zapamćenom.

El bosque blanco, la tierra fría, la batalla bajo la luz de la luna.

Bijele šume, hladna zemlja, bitka pod mjesečinom.

Un pesado silencio llenó la tierra, profundo y antinatural.

Teška tišina ispunila je zemlju, duboka i neprirodna.

Ningún viento se agitó, ninguna hoja se movió, ningún sonido rompió la quietud.

Niti jedan vjetar se nije pomaknuo, niti jedan list nije pomaknuo, niti jedan zvuk nije narušio tišinu.

El aliento de los perros se elevaba como humo en el aire helado y silencioso.

Pseći dah dizao se poput dima u smrznutom, tihom zraku.

El conejo fue olvidado hace mucho tiempo por la manada de bestias salvajes.

Zec je bio odavno zaboravljen od strane čopora divljih zvijeri.

Estos lobos medio domesticados ahora permanecían quietos formando un amplio círculo.

Ovi polupripitomljeni vukovi sada su stajali mirno u širokom krugu.

Estaban en silencio, sólo sus ojos brillantes revelaban su hambre.

Bili su tihi, samo su im sjajne oči otkrivale glad.

Su respiración se elevó mientras observaban cómo comenzaba la pelea final.

Dah im se podigao prema gore, gledajući kako počinje posljednja borba.

Para Buck, esta batalla era vieja y esperada, nada extraña.

Za Bucka, ova bitka je bila stara i očekivana, nimalo čudna.

Parecía el recuerdo de algo que siempre estuvo destinado a suceder.

Osjećalo se kao sjećanje na nešto što se oduvijek trebalo dogoditi.

Spitz era un perro de pelea entrenado, perfeccionado por innumerables peleas salvajes.

Špic je bio dresirani borbeni pas, izbrušen bezbrojnim divljim tučnjavama.

Desde Spitzbergen hasta Canadá, había vencido a muchos enemigos.

Od Spitzbergena do Kanade, savladao je mnoge neprijatelje.

Estaba lleno de furia, pero nunca dejó controlar la rabia.

Bio je ispunjen bijesom, ali nikada nije dao kontrolu nad bijesom.

Su pasión era aguda, pero siempre templada por un duro instinto.

Njegova strast bila je oštra, ali uvijek ublažena tvrdim instinktom.

Nunca atacó hasta que su propia defensa estuvo en su lugar.

Nikada nije napadao dok nije imao vlastitu obranu.

Buck intentó una y otra vez alcanzar el vulnerable cuello de Spitz.

Buck je iznova i iznova pokušavao dosegnuti Spitzov ranjivi vrat.

Pero cada golpe era correspondido con un corte de los afilados dientes de Spitz.

Ali svaki udarac dočekan je oštrim udarcem Spitzovih oštrih zuba.

Sus colmillos chocaron y ambos perros sangraron por los labios desgarrados.

Njihovi su se očnjaci sukobili, a oba su psa prokrvarila iz razderanih usana.

No importaba cuánto se lanzara Buck, no podía romper la defensa.

Bez obzira koliko se Buck nasrtao, nije mogao probiti obranu.

Se puso más furioso y se abalanzó con salvajes ráfagas de poder.

Postajao je sve bjesniji, jureći s divljim naletima snage.

Una y otra vez, Buck atacó la garganta blanca de Spitz.

Buck je iznova i iznova udarao po Spitzovom bijelom grlu.

Cada vez que Spitz esquivaba el ataque, contraatacaba con un mordisco cortante.

Spitz je svaki put izbjegao i uzvratio oštrim ugrizom.

Entonces Buck cambió de táctica y se abalanzó nuevamente hacia la garganta.

Tada je Buck promijenio taktiku, ponovno jurnuvši kao da želi uhvatiti za grlo.

Pero él retrocedió a mitad del ataque y se giró para atacar desde un costado.

Ali se povukao usred napada, okrećući se da udari sa strane.

Le lanzó el hombro a Spitz con la intención de derribarlo.

Ramenom je udario Spitza, ciljajući da ga sruši.

Cada vez que lo intentaba, Spitz lo esquivaba y contraatacaba con un corte.

Svaki put kad bi pokušao, Spitz bi se izmicao i uzvraćao udarcem.

El hombro de Buck se enrojeció cuando Spitz saltó después de cada golpe.

Bucka je rame boljelo dok je Spitz odskakivao nakon svakog udarca.

Spitz no había sido tocado, mientras que Buck sangraba por muchas heridas.

Spitz nije bio dotaknut, dok je Buck krvario iz mnogih rana.

La respiración de Buck era rápida y pesada y su cuerpo estaba cubierto de sangre.

Buck je disao brzo i teško, tijelo mu je bilo klizavo od krvi.

La pelea se volvió más brutal con cada mordisco y embestida.

Borba je postajala sve brutalnija sa svakim ugrizom i napadom.

A su alrededor, sesenta perros silenciosos esperaban que cayera el primero.

Oko njih je šezdeset tihih pasa čekalo da prvi padne.

Si un perro caía, la manada terminaría la pelea.

Ako jedan pas padne, čopor će završiti borbu.

Spitz vio que Buck se estaba debilitando y comenzó a presionar para atacar.

Spitz je vidio kako Buck slabi i počeo je napadati.

Mantuvo a Buck fuera de equilibrio, obligándolo a luchar para mantener el equilibrio.

Držao je Bucka izvan ravnoteže, prisiljavajući ga da se bori za ravnotežu.

Una vez Buck tropezó y cayó, y todos los perros se levantaron.

Jednom se Buck spotaknuo i pao, a svi psi su ustali.

Pero Buck se enderezó a mitad de la caída y todos volvieron a caer.

Ali Buck se ispravio usred pada i svi su ponovno potonuli.

Buck tenía algo poco común: una imaginación nacida de un instinto profundo.

Buck je imao nešto rijetko - maštu rođenu iz dubokog instinkta.

Peleó con impulso natural, pero también peleó con astucia.

Borio se prirodnim nagonom, ali se borio i lukavo.

Cargó de nuevo como si repitiera su truco de ataque con el hombre.

Ponovno je jurnuo kao da ponavlja svoj trik napada ramenom.

Pero en el último segundo, se agachó y pasó por debajo de Spitz.

Ali u posljednjoj sekundi, spustio se nisko i prošao ispod Spitza.

Sus dientes se clavaron en la pata delantera izquierda de Spitz con un chasquido.

Zubi su mu se uz škljocaj zakačili za Spitzovu prednju lijevu nogu.

Spitz ahora estaba inestable, con su peso sobre sólo tres patas.

Spitz je sada stajao nesigurno, oslanjajući se na samo tri noge.

Buck atacó de nuevo e intentó derribarlo tres veces.

Buck je ponovno udario, tri puta ga je pokušao srušiti.

En el cuarto intento utilizó el mismo movimiento con éxito.

U četvrtom pokušaju uspješno je upotrijebio isti potez.

Esta vez Buck logró morder la pata derecha de Spitz.

Ovaj put Buck je uspio ugristi Spitzu desnu nogu.

Spitz, aunque lisiado y en agonía, siguió luchando por sobrevivir.

Spitz, iako osakaćen i u agoniji, nastavio se boriti za preživljavanje.

Vio que el círculo de huskies se estrechaba, con las lenguas afuera y los ojos brillantes.

Vidio je kako se krug haskija steže, isplaženih jezika i sjajnih očiju.

Esperaron para devorarlo, tal como habían hecho con los otros.

Čekali su da ga prožderu, baš kao što su to učinili i drugima.

Esta vez, él estaba en el centro; derrotado y condenado.

Ovaj put, stajao je u sredini; poražen i osuđen na propast.

Ya no había opción de escapar para el perro blanco.

Bijeli pas sada nije imao mogućnosti pobjeći.

Buck no mostró piedad, porque la piedad no pertenecía a la naturaleza.

Buck nije pokazao milost, jer milost nije pripadala divljini.

Buck se movió con cuidado, preparándose para la carga final.

Buck se kretao oprezno, pripremajući se za posljednji juriš.

El círculo de perros esquimales se cerró; sintió sus respiraciones cálidas.

Krug haskija se zatvorio; osjetio je njihov topao dah.

Se agacharon, preparados para saltar cuando llegara el momento.

Čučnuli su nisko, spremni skočiti kad dođe trenutak.

Spitz temblaba en la nieve, gruñendo y cambiando su postura.

Spitz se tresao u snijegu, režeći i mijenjajući položaj.

Sus ojos brillaban, sus labios se curvaron y sus dientes brillaron en una amenaza desesperada.

Oči su mu sijevale, usne su se izvijale, a zubi su bljeskali u očajničkoj prijetnji.

Se tambaleó, todavía intentando contener el frío mordisco de la muerte.

Teturao je, još uvijek pokušavajući odoljeti hladnom ugrizu smrti.

Ya había visto esto antes, pero siempre desde el lado ganador.

To je već vidio, ali uvijek s pobjedničke strane.

Ahora estaba en el bando perdedor; el derrotado; la presa; la muerte.

Sada je bio na gubitničkoj strani; poraženi; plijen; smrt.

Buck voló en círculos para asestar el golpe final, mientras el círculo de perros se acercaba cada vez más.

Buck je kružio za konačni udarac, krug pasa se približio.

Podía sentir sus respiraciones calientes; listas para matar.

Osjećao je njihove vruće dahove; spremni za ubojstvo.

Se hizo un silencio absoluto, todo estaba en su lugar, el tiempo se había detenido.

Zavladala je tišina; sve je bilo na svom mjestu; vrijeme je stalo.

Incluso el aire frío entre ellos se congeló por un último momento.

Čak se i hladni zrak među njima na trenutak smrznuo.

Sólo Spitz se movió, intentando contener su amargo final.

Samo se Spitz pomaknuo, pokušavajući odgoditi svoj gorki kraj.

El círculo de perros se iba cerrando a su alrededor, tal como era su destino.

Krug pasa se stezao oko njega, kao i njegova sudbina.

Ahora estaba desesperado, sabiendo lo que estaba a punto de suceder.

Sada je bio očajan, znajući što će se dogoditi.

Buck saltó y hombro con hombro chocó una última vez.

Buck je skočio, rame je susrelo rame posljednji put.

Los perros se lanzaron hacia adelante, cubriendo a Spitz en la oscuridad nevada.

Psi su jurnuli naprijed, pokrivajući Spitza u snježnom mraku.

Buck observaba, erguido, vencedor en un mundo salvaje.

Buck je promatrao, stojeći uspravno; pobjednik u divljem svijetu.

La bestia primordial dominante había cometido su asesinato, y fue bueno.

Dominantna primordijalna zvijer je počinila svoj ulov, i to je bilo dobro.

Aquel que ha alcanzado la maestría
Onaj koji je osvojio majstorstvo

¿Eh? ¿Qué dije? Digo la verdad cuando digo que Buck es un demonio.

„E? Što sam rekao? Istinu govorim kad kažem da je Buck vrag."

François dijo esto a la mañana siguiente después de descubrir que Spitz había desaparecido.

François je to rekao sljedećeg jutra nakon što je pronašao Spitza nestalog.

Buck permaneció allí, cubierto de heridas por la feroz pelea.

Buck je stajao ondje, prekriven ranama od žestoke borbe.

François acercó a Buck al fuego y señaló las heridas.

François je privukao Bucka blizu vatre i pokazao na ozljede.

"Ese Spitz peleó como Devik", dijo Perrault, mirando los profundos cortes.

„Taj se Spitz borio kao Devik", rekao je Perrault, gledajući duboke posjekotine.

—Y ese Buck peleó como dos demonios —respondió François inmediatamente.

„I taj se Buck borio kao dva vraga", odmah je odgovorio François.

"Ahora iremos a buen ritmo; no más Spitz, no más problemas".

„Sad ćemo dobro napredovati; nema više Spitza, nema više problema."

Perrault estaba empacando el equipo y cargando el trineo con cuidado.

Perrault je pakirao opremu i pažljivo utovarivao sanjke.

François enjaezó a los perros para prepararlos para la carrera del día.

François je upregnuo pse pripremajući se za dnevno trčanje.

Buck trotó directamente a la posición de liderazgo que alguna vez ocupó Spitz.

Buck je odmah kasom došao do vodeće pozicije koju je nekoć držao Spitz.

Pero François, sin darse cuenta, condujo a Solleks hacia el frente.

Ali François, ne primjećujući, poveo je Solleksa naprijed.

A juicio de François, Solleks era ahora el mejor perro guía.

Po Françoisovom mišljenju, Solleks je sada bio najbolji pas za vođenje.

Buck se abalanzó furioso sobre Solleks y lo hizo retroceder en protesta.

Buck je bijesno skočio na Solleksa i u znak prosvjeda ga odgurnuo unatrag.

Se situó en el mismo lugar que una vez estuvo Spitz, ocupando la posición de liderazgo.

Stajao je tamo gdje je nekoć stajao Spitz, zauzevši vodeću poziciju.

—¿Eh? ¿Eh? —gritó François, dándose palmadas en los muslos, divertido.

„E? E?" uzviknuo je François, zabavljeno se pljeskajući po bedrima.

—Mira a Buck. Mató a Spitz y ahora quiere aceptar el trabajo.

„Pogledaj Bucka - ubio je Spitza, a sada želi preuzeti posao!"

—¡Vete, Chook! —gritó, intentando ahuyentar a Buck.

„Odlazi, Chook!" viknuo je, pokušavajući otjerati Bucka.

Pero Buck se negó a moverse y se mantuvo firme en la nieve.

Ali Buck se nije htio pomaknuti i čvrsto je stajao u snijegu.

François agarró a Buck por la nuca y lo arrastró a un lado.

François je zgrabio Bucka za šiju i odvukao ga u stranu.

Buck gruñó bajo y amenazante, pero no atacó.

Buck je tiho i prijeteći zarežao, ali nije napao.

François puso a Solleks de nuevo en cabeza, intentando resolver la disputa.

François je ponovno doveo Solleksa u vodstvo, pokušavajući riješiti spor

El perro viejo mostró miedo de Buck y no quería quedarse.

Stari pas pokazao je strah od Bucka i nije htio ostati.

Cuando François le dio la espalda, Buck expulsó nuevamente a Solleks.

Kad je François okrenuo leđa, Buck je ponovno istjerao Solleksa.

Solleks no se resistió y se hizo a un lado silenciosamente una vez más.

Solleks se nije opirao i tiho se još jednom pomaknuo u stranu.

François se enojó y gritó: "¡Por Dios, te arreglo!"

François se naljutio i viknuo: „Bože, popravit ću te!"

Se acercó a Buck sosteniendo un pesado garrote en su mano.

Prišao je Bucku držeći tešku toljagu u ruci.

Buck recordaba bien al hombre del suéter rojo.

Buck se dobro sjećao čovjeka u crvenom džemperu.

Se retiró lentamente, observando a François, pero gruñendo profundamente.

Polako se povukao, promatrajući Françoisa, ali duboko režeći.

No se apresuró a regresar, incluso cuando Solleks ocupó su lugar.

Nije se žurio natrag, čak ni kad je Solleks stao na njegovo mjesto.

Buck voló en círculos fuera de su alcance, gruñendo con furia y protesta.

Buck je kružio tik izvan dosega, režeći od bijesa i prosvjeda.

Mantuvo la vista fija en el palo, dispuesto a esquivarlo si François lanzaba.

Držao je pogled na palici, spreman izbjeći udarac ako François baci.

Se había vuelto sabio y cauteloso en cuanto a las costumbres de los hombres con armas.

Postao je mudar i oprezan u ponašanju naoružanih ljudi.

François se dio por vencido y llamó a Buck nuevamente a su antiguo lugar.

François je odustao i ponovno pozvao Bucka na svoje prijašnje mjesto.

Pero Buck retrocedió con cautela, negándose a obedecer la orden.

Ali Buck se oprezno povukao, odbijajući poslušati naredbu.

François lo siguió, pero Buck sólo retrocedió unos pasos más.

François je krenuo za njim, ali Buck se povukao samo još nekoliko koraka.

Después de un tiempo, François arrojó el arma al suelo, frustrado.

Nakon nekog vremena, François je u frustraciji bacio oružje.

Pensó que Buck tenía miedo de que le dieran una paliza y que iba a venir sin hacer mucho ruido.

Mislio je da se Buck boji batina i da će doći tiho.

Pero Buck no estaba evitando el castigo: estaba luchando por su rango.

Ali Buck nije izbjegavao kaznu - borio se za čin.

Se había ganado el puesto de perro líder mediante una pelea a muerte.

Mjesto psa vođe zaslužio je borbom do smrti.

No iba a conformarse con nada menos que ser el líder.

Nije se namjeravao zadovoljiti ničim manjim od toga da bude vođa.

Perrault participó en la persecución para ayudar a atrapar al rebelde Buck.

Perrault se uključio u potjeru kako bi pomogao uhvatiti buntovnog Bucka.

Juntos lo hicieron correr alrededor del campamento durante casi una hora.

Zajedno su ga gotovo sat vremena vozili po logoru.

Le lanzaron garrotes, pero Buck los esquivó hábilmente.

Bacali su palice na njega, ali Buck je svaku vješto izbjegao.

Lo maldijeron a él, a sus padres, a sus descendientes y a cada cabello que tenía.

Prokleli su njega, njegove pretke, njegove potomke i svaku dlaku na njemu.

Pero Buck sólo gruñó y se quedó fuera de su alcance.

Ali Buck je samo zarežao i ostao izvan njihovog dohvata.

Nunca intentó huir, sino que rodeó el campamento deliberadamente.

Nikada nije pokušao pobjeći, već je namjerno kružio oko logora.

Dejó claro que obedecería una vez que le dieran lo que
quería.

Jasno je dao do znanja da će poslušati čim mu daju što želi.

**François finalmente se sentó y se rascó la cabeza con
frustración.**

François je konačno sjeo i frustrirano se počešao po glavi.

**Perrault miró su reloj, maldijo y murmuró algo sobre el
tiempo perdido.**

Perrault je pogledao na sat, opsovao i promrmljao nešto o
izgubljenom vremenu.

Ya había pasado una hora cuando debían estar en el sendero.

Već je prošao sat vremena kada su trebali biti na stazi.

**François se encogió de hombros tímidamente y miró al
mensajero, quien suspiró derrotado.**

François je posramljeno slegnuo ramenima prema kuriru, koji
je poraženo uzdahnuo.

**Entonces François se acercó a Solleks y llamó a Buck una vez
más.**

Zatim je François otišao do Solleksa i još jednom pozvao
Bucka.

**Buck se rió como se ríe un perro, pero mantuvo una distancia
cautelosa.**

Buck se smijao kao što se pas smije, ali je držao opreznu
distancu.

François le quitó el arnés a Solleks y lo devolvió a su lugar.

François je skinuo Solleksu pojas i vratio ga na njegovo mjesto.

**El equipo de trineo estaba completamente arneses y solo
había un lugar libre.**

Zaprežna zaprega stajala je potpuno upregnuta, s samo
jednim slobodnim mjestom.

**La posición de liderazgo quedó vacía, claramente destinada
solo para Buck.**

Vodeća pozicija ostala je prazna, očito namijenjena samo
Bucku.

**François volvió a llamar, y nuevamente Buck rió y se
mantuvo firme.**

François je ponovno doviknuo, a Buck se ponovno nasmijao i ostao pri svome.

—**Tira el garrote** —**ordenó Perrault sin dudarlo.**

„Bacite palicu", naredio je Perrault bez oklijevanja.

François obedeció y Buck inmediatamente trotó hacia adelante orgulloso.

François je poslušao, a Buck je odmah ponosno krenuo naprijed.

Se rió triunfante y asumió la posición de líder.

Trijumfalno se nasmijao i zauzeo vodeću poziciju.

François aseguró sus correajes y el trineo se soltó.

François je osigurao svoje tragove i saonice su se otkinule.

Ambos hombres corrieron al lado del equipo mientras corrían hacia el sendero del río.

Obojica muškaraca trčala su pokraj njih dok je tim jurio stazom uz rijeku.

François tenía en alta estima a los "dos demonios" de Buck.

François je imao visoko mišljenje o Buckovim „dva vragovima"

Pero pronto se dio cuenta de que en realidad había subestimado al perro.

ali ubrzo je shvatio da je zapravo podcijenio psa.

Buck asumió rápidamente el liderazgo y trabajó con excelencia.

Buck je brzo preuzeo vodstvo i pokazao izvrsnost.

En juicio, pensamiento rápido y acción veloz, Buck superó a Spitz.

U prosudbi, brzom razmišljanju i brzom djelovanju, Buck je nadmašio Spitza.

François nunca había visto un perro igual al que Buck mostraba ahora.

François nikada nije vidio psa ravnog onome što je Buck sada pokazao.

Pero Buck realmente sobresalía en imponer el orden e imponer respeto.

Ali Buck je zaista briljirao u provođenju reda i izazivanju poštovanja.

Dave y Solleks aceptaron el cambio sin preocupación ni protesta.
Dave i Solleks prihvatili su promjenu bez brige ili prosvjeda.
Se concentraron únicamente en el trabajo y en tirar con fuerza de las riendas.
Usredotočili su se samo na rad i snažno povlačenje uzdi.
A ellos les importaba poco quién iba delante, siempre y cuando el trineo siguiera moviéndose.
Nije ih bilo briga tko vodi, sve dok su se saonice kretale.
Billee, la alegre, podría haber liderado todo lo que a ellos les importaba.
Billee, vesela, mogla je voditi koliko god ih je bilo briga.
Lo que les importaba era la paz y el orden en las filas.
Ono što im je bilo važno bio je mir i red u redovima.

El resto del equipo se había vuelto rebelde durante la decadencia de Spitz.
Ostatak tima postao je neposlušan tijekom Spitzovog pada.
Se sorprendieron cuando Buck inmediatamente los puso en orden.
Bili su šokirani kad ih je Buck odmah doveo u red.
Pike siempre había sido perezoso y arrastraba los pies detrás de Buck.
Pike je oduvijek bio lijen i vukao se za Buckom.
Pero ahora el nuevo liderazgo lo ha disciplinado severamente.
Ali sada ga je novo vodstvo oštro discipliniralo.
Y rápidamente aprendió a aportar su granito de arena en el equipo.
I brzo je naučio preuzeti svoju ulogu u timu.
Al final del día, Pike trabajó más duro que nunca.
Do kraja dana, Pike je radio više nego ikad prije.
Esa noche en el campamento, Joe, el perro amargado, finalmente fue sometido.
Te noći u kampu, Joe, mrzovoljni pas, konačno je bio svladan.
Spitz no logró disciplinarlo, pero Buck no falló.
Spitz ga nije uspio disciplinirati, ali Buck nije podbacio.

Utilizando su mayor peso, Buck superó a Joe en segundos.
Koristeći svoju veću težinu, Buck je u sekundama svladao
Joea.

Mordió y golpeó a Joe hasta que gimió y dejó de resistirse.
Grizao je i udarao Joea sve dok ovaj nije zacvilio i prestao se
opirati.

Todo el equipo mejoró a partir de ese momento.
Cijeli tim se poboljšao od tog trenutka nadalje.

Los perros recuperaron su antigua unidad y disciplina.
Psi su ponovno stekli staro jedinstvo i disciplinu.

**En Rink Rapids, se unieron dos nuevos huskies nativos,
Teek y Koona.**
U Rink Rapidsu su se pridružila dva nova domaća haskija,
Teek i Koona.

**El rápido entrenamiento que Buck les dio sorprendió incluso
a François.**
Buckova brza obuka zapanjila je čak i Françoisa.

"¡Nunca hubo un perro como ese Buck!" gritó con asombro.
„Nikad nije bilo takvog psa kao što je taj Buck!" uzviknuo je u
čudu.

¡No, jamás! ¡Vale mil dólares, por Dios!
„Ne, nikad! Vrijedi tisuću dolara, Bože!"

—¿Eh? ¿Qué dices, Perrault? —preguntó con orgullo.
„E? Što kažeš, Perrault?" upitao je s ponosom.

Perrault asintió en señal de acuerdo y revisó sus notas.
Perrault je kimnuo u znak slaganja i provjerio svoje bilješke.

**Ya vamos por delante del cronograma y ganamos más cada
día.**
Već smo ispred roka i svakim danom dobivamo sve više.

El sendero estaba duro y liso, sin nieve fresca.
Staza je bila tvrdo utabana i glatka, bez svježeg snijega.

**El frío era constante, rondando los cincuenta grados bajo
cero durante todo el tiempo.**
Hladnoća je bila stalna, cijelo vrijeme se kretala oko pedeset
stupnjeva ispod nule.

**Los hombres cabalgaban y corrían por turnos para entrar en
calor y ganar tiempo.**

Muškarci su jahali i trčali naizmjence kako bi se ugrijali i napravili vremena.

Los perros corrían rápido, con pocas paradas y siempre avanzando.

Psi su trčali brzo s malo zaustavljanja, uvijek gurajući naprijed.

El río Thirty Mile estaba casi congelado y era fácil cruzarlo.

Rijeka Trideset milja bila je uglavnom zaleđena i lako se preko nje moglo putovati.

Salieron en un día lo que habían tardado diez días en llegar.

Izašli su za jedan dan, a dolazak im je trajao deset dana.

Hicieron una carrera de sesenta millas desde el lago Le Barge hasta White Horse.

Pretrčali su šezdeset milja od jezera Le Barge do Bijelog Konja.

A través de los lagos Marsh, Tagish y Bennett se movieron increíblemente rápido.

Preko jezera Marsh, Tagish i Bennett kretali su se nevjerojatno brzo.

El hombre corriendo remolcado detrás del trineo por una cuerda.

Trkač je vukao saonice na užetu.

En la última noche de la segunda semana llegaron a su destino.

Posljednje noći drugog tjedna stigli su na odredište.

Habían llegado juntos a la cima del Paso Blanco.

Zajedno su stigli do vrha Bijelog prijevoja.

Descendieron al nivel del mar con las luces de Skaguay debajo de ellos.

Spustili su se na razinu mora sa Skaguayevim svjetlima ispod sebe.

Había sido una carrera que estableció un récord a través de kilómetros de desierto frío.

Bio je to rekordni trk preko kilometara hladne divljine.

Durante catorce días seguidos, recorrieron un promedio de cuarenta millas.

Četrnaest dana zaredom, u prosjeku su prelazili dobrih četrdeset milja.

En Skaguay, Perrault y François transportaban mercancías por la ciudad.

U Skaguayu su Perrault i François prevozili teret kroz grad.

Fueron aplaudidos y la multitud admirada les ofreció muchas bebidas.

Divljenjem su ih pozdravljali i nudili im mnoga pića.

Los cazadores de perros y los trabajadores se reunieron alrededor del famoso equipo de perros.

Lovci na pse i radnici okupili su se oko poznate pseće zaprege.

Luego, los forajidos del oeste llegaron a la ciudad y sufrieron una derrota violenta.

Tada su zapadni odmetnici došli u grad i doživjeli žestoki poraz.

La gente pronto se olvidó del equipo y se centró en un nuevo drama.

Ljudi su ubrzo zaboravili tim i usredotočili se na novu dramu.

Luego vinieron las nuevas órdenes que cambiaron todo de golpe.

Zatim su došle nove naredbe koje su odjednom sve promijenile.

François llamó a Buck y lo abrazó con orgullo entre lágrimas.

François je pozvao Bucka k sebi i zagrlio ga sa suznim ponosom.

Ese momento fue la última vez que Buck volvió a ver a François.

Taj trenutak je bio posljednji put da je Buck ikada više vidio Françoisa.

Como muchos hombres antes, tanto François como Perrault se habían ido.

Kao i mnogi prije njih, i François i Perrault su otišli.

Un mestizo escocés se hizo cargo de Buck y sus compañeros de equipo de perros de trineo.

Škotski mješanac preuzeo je odgovornost za Bucka i njegove kolege sa psima za vuču saonica.

Con una docena de otros equipos de perros, regresaron por el sendero hasta Dawson.

S dvanaest drugih psećih zaprega vratili su se stazom u Dawson.

Ya no era una carrera rápida, solo un trabajo duro con una carga pesada cada día.

Više nije bilo brzog trčanja - samo težak rad s teškim teretom svaki dan.

Éste era el tren correo que llevaba noticias a los buscadores de oro cerca del Polo.

Ovo je bio poštanski vlak koji je nosio vijest lovcima na zlato blizu Pola.

A Buck no le gustaba el trabajo, pero lo soportaba bien y se enorgullecía de su esfuerzo.

Buck nije volio posao, ali ga je dobro podnosio, poneseći se svojim trudom.

Al igual que Dave y Solleks, Buck mostró devoción por cada tarea diaria.

Poput Davea i Solleksa, Buck je pokazivao predanost svakom svakodnevnom zadatku.

Se aseguró de que cada uno de sus compañeros hiciera su parte.

Pobrinuo se da svaki od njegovih suigrača da svoj doprinos.

La vida en el sendero se volvió aburrida, repetida con la precisión de una máquina.

Život na stazi postao je dosadan, ponavljao se s preciznošću stroja.

Cada día parecía igual, una mañana se fundía con la siguiente.

Svaki dan se činio istim, jedno jutro se stapalo s drugim.

A la misma hora, los cocineros se levantaron para hacer fogatas y preparar la comida.

U isti sat, kuhari su ustali da nalože vatru i pripreme hranu.

Después del desayuno, algunos abandonaron el campamento mientras otros enjaezaron los perros.

Nakon doručka, neki su napustili logor dok su drugi upregli pse.

Se pusieron en marcha antes de que la tenue señal del amanecer tocara el cielo.

Krenuli su stazom prije nego što je prigušeno upozorenje na zoru dotaknulo nebo.

Por la noche se detenían para acampar, cada hombre con una tarea determinada.

Noću su se zaustavili kako bi napravili logor, svaki čovjek s određenom dužnošću.

Algunos montaron tiendas de campaña, otros cortaron leña y recogieron ramas de pino.

Neki su postavljali šatore, drugi su sjekli drva za ogrjev i skupljali borove grane.

Se llevaba agua o hielo a los cocineros para la cena.

Voda ili led nosili su se kuharima za večeru.

Los perros fueron alimentados y esta fue la mejor parte del día para ellos.

Psi su bili nahranjeni, i to im je bio najbolji dio dana.

Después de comer pescado, los perros se relajaron y descansaron cerca del fuego.

Nakon što su pojeli ribu, psi su se opustili i izležavali blizu vatre.

Había otros cien perros en el convoy con los que mezclarse.

U konvoju je bilo još stotinu pasa s kojima se moglo družiti.

Muchos de esos perros eran feroces y rápidos para pelear sin previo aviso.

Mnogi od tih pasa bili su žestoki i brzi u borbi bez upozorenja.

Pero después de tres victorias, Buck dominó incluso a los luchadores más feroces.

Ali nakon tri pobjede, Buck je svladao čak i najžešće borce.

Cuando Buck gruñó y mostró los dientes, se hicieron a un lado.

Sad kad je Buck zarežao i pokazao zube, oni su se pomaknuli u stranu.

Quizás lo mejor de todo es que a Buck le encantaba tumbarse cerca de la fogata parpadeante.

Možda najbolje od svega, Buck je volio ležati blizu treperave logorske vatre.

Se agachó con las patas traseras dobladas y las patas delanteras estiradas hacia adelante.

Čučnuo je sa skupljenim stražnjim nogama i ispruženim prednjim nogama naprijed.

Levantó la cabeza mientras parpadeaba suavemente ante las llamas brillantes.

Podigao je glavu dok je tiho trepnuo prema užarenim plamenovima.

A veces recordaba la gran casa del juez Miller en Santa Clara.

Ponekad se prisjećao velike kuće suca Millera u Santa Clari.

Pensó en la piscina de cemento, en Ysabel y en el pug llamado Toots.

Pomislio je na cementni bazen, na Ysabel i mopsa po imenu Toots.

Pero más a menudo recordaba el garrote del hombre del suéter rojo.

Ali češće se sjećao čovjeka s palicom u crvenom džemperu.

Recordó la muerte de Curly y su feroz batalla con Spitz.

Sjetio se Kovrčavijeve smrti i njegove žestoke bitke sa Spitzom.

También recordó la buena comida que había comido o con la que aún soñaba.

Prisjetio se i dobre hrane koju je jeo ili o kojoj je još uvijek sanjao.

Buck no sentía nostalgia: el cálido valle era distante e irreal.

Buck nije osjećao nostalgiju - topla dolina bila je daleka i nestvarna.

Los recuerdos de California ya no ejercían ninguna atracción sobre él.

Sjećanja na Kaliforniju više ga nisu privlačila.

Más fuertes que la memoria eran los instintos profundos en su linaje.

Jači od sjećanja bili su instinkti duboko ukorijenjeni u njegovoj krvnoj lozi.

Los hábitos que una vez se habían perdido habían regresado, revividos por el camino y la naturaleza.

Navike koje su nekoć bile izgubljene vratile su se, oživljene stazom i divljinom.

Mientras Buck observaba la luz del fuego, a veces se convertía en otra cosa.

Dok je Buck promatrao svjetlost vatre, ona je ponekad postajala nešto drugo.

Vio a la luz del fuego otro fuego, más antiguo y más profundo que el actual.

U svjetlosti vatre ugledao je drugu vatru, stariju i dublju od sadašnje.

Junto a ese otro fuego se agazapaba un hombre que no se parecía en nada al cocinero mestizo.

Pored te druge vatre čučao je čovjek za razliku od kuhara mješanca.

Esta figura tenía piernas cortas, brazos largos y músculos duros y anudados.

Ova je figura imala kratke noge, duge ruke i tvrde, čvoraste mišiće.

Su cabello era largo y enmarañado, y caía hacia atrás desde los ojos.

Kosa mu je bila duga i zamršena, padala je unatrag od očiju.

Hizo ruidos extraños y miró con miedo hacia la oscuridad.

Ispuštao je čudne zvukove i u strahu zurio u tamu.

Sostenía agachado un garrote de piedra, firmemente agarrado con su mano larga y áspera.

Nisko je držao kamenu toljagu, čvrsto stisnutu u svojoj dugoj, gruboj ruci.

El hombre vestía poco: sólo una piel carbonizada que le colgaba por la espalda.

Čovjek je bio malo odjeven; samo ugljenisana koža koja mu je visjela niz leđa.

Su cuerpo estaba cubierto de espeso vello en los brazos, el pecho y los muslos.

Tijelo mu je bilo prekriveno gustom dlakom po rukama, prsima i bedrima.

Algunas partes del cabello estaban enredadas en parches de pelaje áspero.

Neki dijelovi kose bili su zapetljani u komadiće grubog krzna.

No se mantenía erguido, sino inclinado hacia delante desde las caderas hasta las rodillas.

Nije stajao uspravno već se sagnuo naprijed od kukova do koljena.

Sus pasos eran elásticos y felinos, como si estuviera siempre dispuesto a saltar.

Koraci su mu bili elastični i mačji, kao da je uvijek spreman za skok.

Había un estado de alerta agudo, como si viviera con miedo constante.

Osjećao je oštru budnost, kao da je živio u stalnom strahu.

Este hombre anciano parecía esperar el peligro, ya sea que lo viera o no.

Činilo se da ovaj drevni čovjek očekuje opasnost, bez obzira je li opasnost bila vidljiva ili ne.

A veces, el hombre peludo dormía junto al fuego, con la cabeza metida entre las piernas.

Ponekad je dlakavi čovjek spavao uz vatru, glave zavučene među noge.

Sus codos descansaban sobre sus rodillas, sus manos entrelazadas sobre su cabeza.

Laktovi su mu počivali na koljenima, ruke sklopljene iznad glave.

Como un perro, usó sus brazos peludos para protegerse de la lluvia que caía.

Poput psa, koristio je svoje dlakave ruke da se otrese kiše koja je padala.

Más allá de la luz del fuego, Buck vio dos brasas brillando en la oscuridad.

Iza svjetlosti vatre, Buck je ugledao dva ugljena kako žare u mraku.

Siempre de dos en dos, eran los ojos de las bestias rapaces al acecho.

Uvijek dva po dva, bile su oči vrebajućih zvijeri.

Escuchó cuerpos chocando contra la maleza y ruidos en la noche.

Čuo je tijela kako se probijaju kroz grmlje i zvukove koji se stvaraju u noći.

Acostado en la orilla del Yukón, parpadeando, Buck soñaba junto al fuego.

Ležeći na obali Yukona, trepćući, Buck je sanjao kraj vatre.

Las vistas y los sonidos de ese mundo salvaje le ponían los pelos de punta.

Prizori i zvukovi tog divljeg svijeta digli su mu kosu na glavi.

El pelaje se le subió por la espalda, los hombros y el cuello.

Dlaka mu se dizala uz leđa, ramena i vrat.

Él gimió suavemente o emitió un gruñido bajo y profundo en su pecho.

Tiho je cvilio ili duboko u prsima tiho zarežao.

Entonces el cocinero mestizo gritó: "¡Oye, Buck, despierta!"

Tada je mješanac kuhar viknuo: „Hej, Buck, probudi se!"

El mundo de los sueños desapareció y la vida real regresó a los ojos de Buck.

Svijet snova je nestao, a stvarni život se vratio u Buckove oči.

Iba a levantarse, estirarse y bostezar, como si acabara de despertar de una siesta.

Htio je ustati, protegnuti se i zijevnuti, kao da se probudio iz drijemanja.

El viaje fue duro, con el trineo del correo arrastrándose detrás de ellos.

Putovanje je bilo teško, a poštanske saonice su se vukle za njima.

Las cargas pesadas y el trabajo duro agotaban a los perros cada largo día.

Teški tereti i naporan rad iscrpljivali su pse svakog dugog dana.

Llegaron a Dawson delgados, cansados y necesitando más de una semana de descanso.

Stigli su u Dawson mršavi, umorni i trebali su više od tjedan dana odmora.

Pero sólo dos días después, emprendieron nuevamente el descenso por el Yukón.

Ali samo dva dana kasnije, ponovno su krenuli niz Yukon.

Estaban cargados con más cartas destinadas al mundo exterior.

Bili su natovareni još pisama namijenjenih vanjskom svijetu.

Los perros estaban exhaustos y los hombres se quejaban constantemente.

Psi su bili iscrpljeni, a muškarci su se neprestano žalili.

La nieve caía todos los días, suavizando el camino y ralentizando los trineos.

Snijeg je padao svaki dan, omekšavajući stazu i usporavajući sanjke.

Esto provocó que el tirón fuera más difícil y hubo más resistencia para los corredores.

To je omogućilo jače povlačenje i veći otpor trkačima.

A pesar de eso, los pilotos fueron justos y se preocuparon por sus equipos.

Unatoč tome, vozači su bili pošteni i brinuli su se za svoje timove.

Cada noche, los perros eran alimentados antes de que los hombres pudieran comer.

Svake noći, psi su bili hranjeni prije nego što su muškarci stigli jesti.

Ningún hombre duerme sin antes revisar las patas de su propio perro.

Nitko nije spavao prije nego što je provjerio noge vlastitog psa.

Aún así, los perros se fueron debilitando a medida que los kilómetros iban desgastando sus cuerpos.

Ipak, psi su postajali sve slabiji kako su kilometri istrošili njihova tijela.

Habían viajado mil ochocientas millas durante el invierno.

Putovali su tisuću osamsto milja tijekom zime.

Tiraron de trineos a lo largo de cada milla de esa brutal distancia.

Vukli su saonice preko svake milje te brutalne udaljenosti.

Incluso los perros de trineo más resistentes sienten tensión después de tantos kilómetros.

Čak i najjačiji psi za vuču saonica osjećaju napor nakon toliko kilometara.

Buck aguantó, mantuvo a su equipo trabajando y mantuvo la disciplina.

Buck je izdržao, održavao je svoj tim u formi i održavao disciplinu.

Pero Buck estaba cansado, al igual que los demás en el largo viaje.

Ali Buck je bio umoran, baš kao i ostali na dugom putovanju.

Billee gemía y lloraba mientras dormía todas las noches sin falta.

Billee je jecao i plakao u snu svake noći bez iznimke.

Joe se volvió aún más amargado y Solleks se mantuvo frío y distante.

Joe je postao još ogorčeniji, a Solleks je ostao hladan i distanciran.

Pero fue Dave quien sufrió más de todo el equipo.

Ali Dave je bio taj koji je najgore patio od cijelog tima.

Algo había ido mal dentro de él, aunque nadie sabía qué.

Nešto je u njemu pošlo po zlu, iako nitko nije znao što.

Se volvió más malhumorado y les gritaba a los demás con creciente enojo.

Postajao je mrzovoljniji i s rastućim bijesom oštro je napadao druge.

Cada noche iba directo a su nido, esperando ser alimentado.

Svake noći išao je ravno u svoje gnijezdo, čekajući da ga se nahrani.

Una vez que cayó, Dave no se levantó hasta la mañana.

Nakon što je pao, Dave se nije digao do jutra.

En las riendas, tirones o arranques repentinos le hacían gritar de dolor.

Na uzdama, nagli trzaji ili trzaji natjerali bi ga da krikne od boli.

Su conductor buscó la causa, pero no encontró heridos.

Njegov vozač je tražio uzrok, ali nije pronašao nikakve ozljede na njemu.

Todos los conductores comenzaron a observar a Dave y discutieron su caso.

Svi vozači su počeli promatrati Davea i raspravljati o njegovom slučaju.

Hablaron durante las comidas y durante el último cigarrillo del día.

Razgovarali su za vrijeme obroka i tijekom posljednje cigarete tog dana.

Una noche tuvieron una reunión y llevaron a Dave al fuego.

Jedne noći održali su sastanak i doveli Davea do vatre.

Le apretaron y le palparon el cuerpo, y él gritaba a menudo.

Pritiskali su i ispitivali njegovo tijelo, a on je često plakao.

Estaba claro que algo iba mal, aunque no parecía haber ningún hueso roto.

Očito je nešto bilo u krivu, iako se činilo da nijedna kost nije slomljena.

Cuando llegaron a Cassiar Bar, Dave se estaba cayendo.

Dok su stigli do Cassiar Bara, Dave je već padao.

El mestizo escocés pidió un alto y eliminó a Dave del equipo.

Škotski mješanac je zaustavio tim i uklonio Davea iz tima.

Sujetó a Solleks en el lugar de Dave, más cerca del frente del trineo.

Pričvrstio je Solleks na Daveovo mjesto, najbliže prednjem dijelu saonica.

Su intención era dejar que Dave descansara y corriera libremente detrás del trineo en movimiento.

Namjeravao je pustiti Davea da se odmori i slobodno trči iza saonica u pokretu.

Pero incluso estando enfermo, Dave odiaba que lo sacaran del trabajo que había tenido.

Ali čak i bolestan, Dave je mrzio što je bio otpušten s posla koji je imao.

Gruñó y gimió cuando le quitaron las riendas del cuerpo.

Režao je i cvilio dok su mu uzde skidali s tijela.

Cuando vio a Solleks en su lugar, lloró con el corazón roto.

Kad je ugledao Solleksa na svom mjestu, zaplakao je od slomljene boli srca.

El orgullo por el trabajo en los senderos estaba profundamente arraigado en Dave, incluso cuando se acercaba la muerte.

Ponos rada na stazama bio je duboko u Daveu, čak i dok se smrt približavala.

Mientras el trineo se movía, Dave se tambaleaba sobre la nieve blanda cerca del sendero.

Dok su se sanjke kretale, Dave se spoticao po mekom snijegu blizu staze.

Atacó a Solleks, mordiéndolo y empujándolo desde el costado del trineo.

Napao je Solleksa, grizući ga i gurajući sa strane saonica.

Dave intentó saltar al arnés y recuperar su lugar de trabajo.

Dave je pokušao uskočiti u pojas i vratiti se na svoje radno mjesto.

Gritó, se quejó y lloró, dividido entre el dolor y el orgullo por el trabajo.

Jaukao je, cvilio i plakao, rastrgan između boli i ponosa zbog rada.

El mestizo usó su látigo para intentar alejar a Dave del equipo.

Mješanac je bičem pokušao otjerati Davea iz tima.

Pero Dave ignoró el látigo y el hombre no pudo golpearlo más fuerte.

Ali Dave je ignorirao udarac bičem, a čovjek ga nije mogao jače udariti.

Dave rechazó el camino más fácil detrás del trineo, donde la nieve estaba acumulada.

Dave je odbio lakši put iza saonica, gdje je bio nabijen snijeg.

En cambio, luchaba en la nieve profunda junto al sendero, en la miseria.

Umjesto toga, mučio se u dubokom snijegu pokraj staze, u bijedi.

Finalmente, Dave se desplomó, quedó tendido en la nieve y aullando de dolor.

Na kraju se Dave srušio, ležeći u snijegu i zavijajući od boli.

Gritó cuando el largo tren de trineos pasó a su lado uno por uno.

Vrisnuo je dok je duga kolona saonica prolazila pored njega jedna za drugom.

Aún con las fuerzas que le quedaban, se levantó y tropezó tras ellos.

Ipak, s onom preostalom snagom, ustao je i posrnuo za njima.

Lo alcanzó cuando el tren se detuvo nuevamente y encontró su viejo trineo.

Sustigao je vlak kad se ponovno zaustavio i pronašao svoje stare sanjke.

Pasó junto a los otros equipos y se quedó de nuevo al lado de Solleks.

Provukao se pored ostalih timova i ponovno stao pokraj Solleksa.

Cuando el conductor se detuvo para encender su pipa, Dave aprovechó su última oportunidad.

Dok je vozač zastao da zapali lulu, Dave je iskoristio svoju posljednju priliku.

Cuando el conductor regresó y gritó, el equipo no avanzó.

Kad se vozač vratio i viknuo, tim nije krenuo naprijed.

Los perros habían girado la cabeza, confundidos por la parada repentina.

Psi su okrenuli glave, zbunjeni naglim zaustavljanjem.

El conductor también estaba sorprendido: el trineo no se había movido ni un centímetro hacia adelante.

I vozač je bio šokiran - saonice se nisu pomaknule ni centimetar naprijed.

Llamó a los demás para que vinieran a ver qué había sucedido.

Pozvao je ostale da dođu i vide što se dogodilo.

Dave había mordido las riendas de Solleks, rompiéndolas ambas.

Dave je pregrizao Solleksove uzde, slomio ih obje.

Ahora estaba de pie frente al trineo, nuevamente en su posición correcta.

Sada je stajao ispred saonica, natrag na svom pravom mjestu.

Dave miró al conductor y le rogó en silencio que se mantuviera en el carril.

Dave je pogledao vozača, tiho moleći da ostane u tragovima.

El conductor estaba desconcertado, sin saber qué hacer con el perro que luchaba.

Vozač je bio zbunjen, nesiguran što učiniti za psa koji se mučio.

Los otros hombres hablaron de perros que habían muerto al ser sacados a la calle.

Drugi muškarci su govorili o psima koji su uginuli nakon što su ih izveli van.

Contaron sobre perros viejos o heridos cuyo corazón se rompió al ser abandonados.

Pričali su o starim ili ozlijeđenim psima čija su se srca slomila kad bi ih ostavili.

Estuvieron de acuerdo en que era una misericordia dejar que Dave muriera mientras aún estaba en su arnés.

Složili su se da je milost pustiti Davea da umre dok je još u pojasu.

Lo volvieron a sujetar al trineo y Dave tiró con orgullo.

Bio je pričvršćen natrag na sanjke, a Dave je ponosno vukao.

Aunque a veces gritaba, trabajaba como si el dolor pudiera ignorarse.

Iako je ponekad plakao, radio je kao da se bol može ignorirati.

Más de una vez se cayó y fue arrastrado antes de levantarse de nuevo.

Više puta je pao i bio je vučen prije nego što je ponovno ustao.

Un día, el trineo pasó por encima de él y desde ese momento empezó a cojear.

Jednom su se saonice prevrnule preko njega i od tog trenutka je šepao.

Aún así, trabajó hasta llegar al campamento y luego se acostó junto al fuego.

Ipak je radio dok nije stigao do logora, a zatim je legao kraj vatre.

Por la mañana, Dave estaba demasiado débil para viajar o incluso mantenerse en pie.

Do jutra, Dave je bio preslab da bi putovao ili čak stajao uspravno.

En el momento de preparar el arnés, intentó alcanzar a su conductor con un esfuerzo tembloroso.

U vrijeme vezivanja pojasa, drhtavim je naporom pokušao dosegnuti svog vozača.

Se obligó a levantarse, se tambaleó y se desplomó sobre el suelo nevado.

Prisilio se ustati, teturao i srušio se na snježno tlo.

Utilizando sus patas delanteras, arrastró su cuerpo hacia el área del arnés.

Prednjim nogama vukao je tijelo prema mjestu za vezivanje.

Avanzó poco a poco, centímetro a centímetro, hacia los perros de trabajo.

Teturao se naprijed, centimetar po centimetar, prema radnim psima.

Sus fuerzas se acabaron, pero siguió avanzando en su último y desesperado esfuerzo.

Snaga ga je napustila, ali je nastavio kretati se u svom posljednjem očajničkom naporu.

Sus compañeros de equipo lo vieron jadeando en la nieve, todavía deseando unirse a ellos.

Njegovi suigrači vidjeli su ga kako dahće u snijegu, još uvijek žudeći da im se pridruži.

Lo oyeron aullar de dolor mientras dejaban atrás el campamento.

Čuli su ga kako zavija od tuge dok su napuštali logor.

Cuando el equipo desapareció entre los árboles, el grito de Dave resonó detrás de ellos.

Dok je tim nestajao u drveću, Daveov krik je odjekivao iza njih.

El tren de trineos se detuvo brevemente después de cruzar un tramo de bosque junto al río.

Voz saonica se nakratko zaustavio nakon što je prešao dio riječne šume.

El mestizo escocés caminó lentamente de regreso hacia el campamento que estaba detrás.

Škotski mješanac polako se vraćao prema logoru iza njih.

Los hombres dejaron de hablar cuando lo vieron salir del tren de trineos.

Muškarci su prestali govoriti kad su ga vidjeli kako izlazi iz karavana saonica.

Entonces un único disparo se oyó claro y nítido en el camino.

Tada je preko staze jasno i oštro odjeknuo jedan pucanj.

El hombre regresó rápidamente y ocupó su lugar sin decir palabra.

Čovjek se brzo vratio i zauzeo svoje mjesto bez riječi.

Los látigos crujieron, las campanas tintinearon y los trineos rodaron por la nieve.

Bičevi su pucketali, zvona su zveckala, a saonice su se kotrljale kroz snijeg.

Pero Buck sabía lo que había sucedido... y todos los demás perros también.

Ali Buck je znao što se dogodilo - kao i svaki drugi pas.

El trabajo de las riendas y el sendero
Trud uzdi i staze

Treinta días después de salir de Dawson, el Salt Water Mail llegó a Skaguay.

Trideset dana nakon što je napustio Dawson, Salt Water Mail je stigao u Skaguay.

Buck y sus compañeros tomaron la delantera, llegando en lamentables condiciones.

Buck i njegovi suigrači su preuzeli vodstvo, stigavši u jadnom stanju.

Buck había bajado de ciento cuarenta a ciento quince libras.

Buck je smršavio sa sto četrdeset na sto petnaest funti.

Los otros perros, aunque más pequeños, habían perdido aún más peso corporal.

Ostali psi, iako manji, izgubili su još više tjelesne težine.

Pike, que antes fingía cojear, ahora arrastraba tras él una pierna realmente herida.

Pike, nekad lažni šepavac, sada je za sobom vukao doista ozlijeđenu nogu.

Solleks cojeaba mucho y Dub tenía un omóplato torcido.

Solleks je jako šepao, a Dub je imao iščašenu lopaticu.

Todos los perros del equipo tenían las patas doloridas por las semanas que pasaron en el sendero helado.

Svaki pas u timu imao je bolne noge od tjedana provedenih na zaleđenoj stazi.

Ya no tenían resorte en sus pasos, sólo un movimiento lento y arrastrado.

U njihovim koracima više nije bilo elastičnosti, samo sporo, vučno kretanje.

Sus pies golpeaban el sendero con fuerza y cada paso añadía más tensión a sus cuerpos.

Stopala su im snažno udarala o stazu, svaki korak je dodatno naprezao njihova tijela.

No estaban enfermos, sólo agotados más allá de toda recuperación natural.

Nisu bili bolesni, samo iscrpljeni do te mjere da su se mogli prirodno oporaviti.

No era el cansancio de un día duro que se curaba con una noche de descanso.

Ovo nije bio umor od jednog napornog dana, izliječen noćnim odmorom.

Fue un agotamiento acumulado lentamente a lo largo de meses de esfuerzo agotador.

Bio je to iscrpljenost koja se polako gradila mjesecima iscrpljujućeg truda.

No quedaban reservas de fuerza: habían agotado todas las que tenían.

Nije ostalo ništa od rezervne snage - potrošili su sve što su imali.

Cada músculo, fibra y célula de sus cuerpos estaba gastado y desgastado.

Svaki mišić, vlakno i stanica u njihovim tijelima bio je istrošen i istrošen.

Y había una razón: habían recorrido dos mil quinientas millas.

I postojao je razlog - prešli su dvjesto i petsto milja.

Habían descansado sólo cinco días durante las últimas mil ochocientas millas.

Odmarali su se samo pet dana tijekom posljednjih tisuću osamsto milja.

Cuando llegaron a Skaguay, parecían apenas capaces de mantenerse en pie.

Kad su stigli u Skaguay, izgledali su kao da jedva mogu stajati na nogama.

Se esforzaron por mantener las riendas tensas y permanecer delante del trineo.

Mučili su se čvrsto držati uzde i ostati ispred saonica.

En las bajadas sólo lograron evitar ser atropellados.

Na nizbrdicama su uspjeli izbjeći samo da ih pregaze.

"Sigan adelante, pobres pies doloridos", dijo el conductor mientras cojeaban.

„Naprijed, jadne bolne noge", rekao je vozač dok su šepali.

"Este es el último tramo, luego todos tendremos un largo descanso, seguro".

„Ovo je zadnji dio, a onda ćemo svi sigurno imati jedan dugi odmor."

"Un descanso verdaderamente largo", prometió mientras los observaba tambalearse hacia adelante.

„Jedan zaista dug odmor", obećao je, gledajući ih kako teturaju naprijed.

Los conductores esperaban que ahora tuvieran un descanso largo y necesario.

Vozači su očekivali da će sada dobiti dugu, potrebnu pauzu.

Habían recorrido mil doscientas millas con sólo dos días de descanso.

Prešli su tisuću dvjesto milja uz samo dva dana odmora.

Por justicia y razón, sintieron que se habían ganado tiempo para relajarse.

Pravednošću i razumom, smatrali su da su zaslužili vrijeme za opuštanje.

Pero eran demasiados los que habían llegado al Klondike y muy pocos los que se habían quedado en casa.

Ali previše ih je došlo na Klondike, a premalo ih je ostalo kod kuće.

Las cartas de las familias llegaron en masa, creando montañas de correo retrasado.

Pisma od obitelji su pristizala, stvarajući hrpe zakašnjele pošte.

Llegaron órdenes oficiales: nuevos perros de la Bahía de Hudson tomarían el control.

Stigle su službene naredbe - novi psi iz Hudsonovog zaljeva trebali su preuzeti vlast.

Los perros exhaustos, ahora llamados inútiles, debían ser eliminados.

Iscrpljeni psi, sada proglašeni bezvrijednima, trebali su biti zbrinuti.

Como el dinero importaba más que los perros, los iban a vender a bajo precio.

Budući da je novac bio važniji od pasa, prodavali bi ih jeftino.

Pasaron tres días más antes de que los perros sintieran lo débiles que estaban.

Prošla su još tri dana prije nego što su psi osjetili koliko su slabi.

En la cuarta mañana, dos hombres de Estados Unidos compraron todo el equipo.

Četvrtog jutra, dvojica muškaraca iz SAD-a kupila su cijelu ekipu.

La venta incluía todos los perros, además de sus arneses usados.

Prodaja je uključivala sve pse, plus njihovu istrošenu opremu za vuču.

Los hombres se llamaban entre sí "Hal" y "Charles" mientras completaban el trato.

Muškarci su se međusobno zvali „Hal" i „Charles" dok su dovršavali posao.

Charles era un hombre de mediana edad, pálido, con labios flácidos y puntas de bigote feroces.

Charles je bio srednjih godina, blijed, s mlitavim usnama i oštrim vrhovima brkova.

Hal era un hombre joven, de unos diecinueve años, que llevaba un cinturón lleno de cartuchos.

Hal je bio mladić, možda devetnaestogodišnjak, s remenom punim patrona.

El cinturón contenía un gran revólver y un cuchillo de caza, ambos sin usar.

U pojasu su bili veliki revolver i lovački nož, oba nekorištena.

Esto demostró lo inexperto e inadecuado que era para la vida en el norte.

To je pokazalo koliko je bio neiskusan i nesposoban za sjeverni život.

Ninguno de los dos pertenecía a la naturaleza; su presencia desafiaba toda razón.

Niti jedan od njih nije pripadao divljini; njihova prisutnost prkosila je svakom razumu.

Buck observó cómo el dinero intercambiaba manos entre el comprador y el agente.

Buck je gledao kako kupac i agent razmjenjuju novac.

Sabía que los conductores de trenes correos abandonaban su vida como el resto.

Znao je da vozači poštanskih vlakova napuštaju njegov život kao i svi ostali.

Siguieron a Perrault y a François, ahora desaparecidos sin posibilidad de recuperación.

Slijedili su Perraulta i Françoisa, koji su sada bili izgubljeni.

Buck y el equipo fueron conducidos al descuidado campamento de sus nuevos dueños.

Bucka i tim odveli su u neuredni logor svojih novih vlasnika.

La tienda se hundía, los platos estaban sucios y todo estaba desordenado.

Šator se ulegnuo, posuđe je bilo prljavo, a sve je ležalo u neredu.

Buck también notó que había una mujer allí: Mercedes, la esposa de Charles y hermana de Hal.

Buck je i ondje primijetio ženu - Mercedes, Charlesovu ženu i Halovu sestru.

Formaban una familia completa, aunque no eran aptos para el recorrido.

Činili su kompletnu obitelj, iako daleko od prikladnih za stazu.

Buck observó nervioso cómo el trío comenzó a empacar los suministros.

Buck je nervozno promatrao kako trojac počinje pakirati zalihe.

Trabajaron duro, pero sin orden: sólo alboroto y esfuerzos desperdiciados.

Radili su naporno, ali bez reda - samo buka i uzaludan trud.

La tienda estaba enrollada hasta formar un volumen demasiado grande para el trineo.

Šator je bio smotan u glomazni oblik, prevelik za sanjke.

Los platos sucios se empaquetaron sin limpiarlos ni secarlos.

Prljavo posuđe bilo je spakirano, a da uopće nije bilo oprano ili osušeno.

Mercedes revoloteaba por todos lados, hablando, corrigiendo y entrometiéndose constantemente.

Mercedes je lepršala okolo, neprestano pričajući, ispravljajući se i miješajući se.

Cuando le ponían un saco en el frente, ella insistía en que lo pusieran en la parte de atrás.

Kad je vreća stavljena naprijed, inzistirala je da ide straga.

Metió la bolsa en el fondo y al siguiente momento la necesitó.

Spakirala je vreću na dno i već sljedećeg trenutka joj je trebala.

De esta manera, el trineo fue desempaquetado nuevamente para alcanzar la bolsa específica.

Dakle, saonice su ponovno raspakirane kako bi se došlo do te jedne određene torbe.

Cerca de allí, tres hombres estaban parados afuera de una tienda de campaña, observando cómo se desarrollaba la escena.

U blizini su trojica muškaraca stajala ispred šatora, promatrajući prizor koji se odvijao.

Sonrieron, guiñaron el ojo y sonrieron ante la evidente confusión de los recién llegados.

Smiješili su se, namignuli i cerekali očitoj zbunjenosti pridošlica.

"Ya tienes una carga bastante pesada", dijo uno de los hombres.

„Već imaš prilično težak teret", rekao je jedan od muškaraca.

"No creo que debas llevar esa tienda de campaña, pero es tu elección".

„Mislim da ne bi trebao nositi taj šator, ali to je tvoj izbor."

"¡Inimaginable!", exclamó Mercedes levantando las manos con desesperación.

„Nesanjano!" uzviknula je Mercedes, dižući ruke u očaju.

"¿Cómo podría viajar sin una tienda de campaña donde refugiarme?"

„Kako bih uopće mogao putovati bez šatora pod kojim bih mogao ostati?"

"Es primavera, ya no volverás a ver el frío", respondió el hombre.

„Proljeće je - više nećete vidjeti hladno vrijeme", odgovorio je čovjek.

Pero ella meneó la cabeza y ellos siguieron apilando objetos en el trineo.

Ali ona je odmahnula glavom, a oni su nastavili gomilati stvari na sanjke.

La carga se elevó peligrosamente a medida que añadían los últimos elementos.

Teret se opasno uzdizao dok su dodavali posljednje stvari.

"¿Crees que el trineo se deslizará?" preguntó uno de los hombres con mirada escéptica.

„Misliš li da će saonice proći?" upitao je jedan od muškaraca sa skeptičnim pogledom.

"¿Por qué no debería?", replicó Charles con gran fastidio.

„Zašto ne bi?" odbrusi Charles s oštrom ljutnjom.

—Está bien —dijo rápidamente el hombre, alejándose un poco de la ofensa.

„O, u redu je", brzo je rekao čovjek, povlačeći se od uvrede.

"Solo me preguntaba, me pareció que tenía la parte superior demasiado pesada".

„Samo sam se pitao - meni se činilo malo pretežko na vrhu."

Charles se dio la vuelta y ató la carga lo mejor que pudo.

Charles se okrenuo i privezao teret najbolje što je mogao.

Pero las ataduras estaban sueltas y el embalaje en general estaba mal hecho.

Ali vezovi su bili labavi, a pakiranje općenito loše napravljeno.

"Claro, los perros tirarán de eso todo el día", dijo otro hombre con sarcasmo.

„Naravno, psi će to vući cijeli dan", sarkastično je rekao drugi čovjek.

—Por supuesto —respondió Hal con frialdad, agarrando el largo palo del trineo.

„Naravno", hladno odgovori Hal, hvatajući dugu motku za saonice.

Con una mano en el poste, blandía el látigo con la otra.

S jednom rukom na motki, zamahnuo je bičem u drugoj.

"¡Vamos!", gritó. "¡Muévanse!", instando a los perros a empezar.

„Idemo!" viknuo je. „Krećite se!" potičući pse da krenu.

Los perros se inclinaron hacia el arnés y se tensaron durante unos instantes.

Psi su se nagnuli u pojas i naprezali nekoliko trenutaka.

Entonces se detuvieron, incapaces de mover ni un centímetro el trineo sobrecargado.

Zatim su se zaustavili, nesposobni pomaknuti preopterećene saonice ni centimetar.

—¡Esos brutos perezosos! —gritó Hal, levantando el látigo para golpearlos.

„Lijene zvijeri!" viknuo je Hal, podižući bič da ih udari.

Pero Mercedes entró corriendo y le arrebató el látigo de las manos a Hal.

Ali Mercedes je uletjela i otela bič iz Halovih ruku.

—Oh, Hal, no te atrevas a hacerles daño —gritó alarmada.

„Oh, Hal, nemoj se usuditi povrijediti ih", uzviknula je u panici.

"Prométeme que serás amable con ellos o no daré un paso más".

„Obećaj mi da ćeš biti ljubazan prema njima, inače neću učiniti ni korak više."

—No sabes nada de perros —le espetó Hal a su hermana.

„Nemaš ti pojma o psima", obrecnu se Hal na sestru.

"Son perezosos y la única forma de moverlos es azotándolos".

„Lijeni su i jedini način da ih se pokrene je da ih se bičuje."

"Pregúntale a cualquiera, pregúntale a uno de esos hombres de allí si dudas de mí".

„Pitajte bilo koga — pitajte jednog od onih ljudi tamo ako sumnjate u mene."

Mercedes miró a los espectadores con ojos suplicantes y llorosos.

Mercedes je gledala promatrače molećivim, suznim očima.

Su rostro mostraba lo profundamente que odiaba ver cualquier dolor.

Na njezinom licu se vidjelo koliko je duboko mrzila prizor bilo kakve boli.

"Están débiles, eso es todo", dijo un hombre. "Están agotados".

„Slabi su, to je sve", rekao je jedan čovjek. „Iscrpljeni su."

"Necesitan descansar, han trabajado demasiado tiempo sin descansar".

„Treba im odmor - predugo su radili bez pauze."

—Maldito sea el resto —murmuró Hal con el labio curvado.

„Proklet bio ostatak", promrmlja Hal s podignutom usnom.

Mercedes jadeó, visiblemente dolida por la grosera palabra que pronunció.

Mercedes je uzdahnula, očito povrijeđena njegovom grubom riječju.

Aún así, ella se mantuvo leal y defendió instantáneamente a su hermano.

Ipak, ostala je vjerna i odmah je stala u obranu svog brata.

—No le hagas caso a ese hombre —le dijo a Hal—. Son nuestros perros.

„Ne obraćaj pažnju na tog čovjeka", rekla je Halu. „To su naši psi."

"Los conduces como mejor te parezca, haz lo que creas correcto".

„Vozi ih kako ti odgovara – radi ono što misliš da je ispravno."

Hal levantó el látigo y volvió a golpear a los perros sin piedad.

Hal je podigao bič i ponovno bez milosti udario pse.

Se lanzaron hacia adelante, con el cuerpo agachado y los pies hundidos en la nieve.

Jurnuli su naprijed, tijelima nisko, nogama utisnutim u snijeg.

Ponían toda su fuerza en tirar, pero el trineo no se movía.

Sva im je snaga išla u vuču, ali saonice se nisu micale.

El trineo quedó atascado, como un ancla congelada en la nieve compacta.

Sanke su ostale zaglavljene, poput sidra zamrznutog u zbijenom snijegu.

Tras un segundo esfuerzo, los perros se detuvieron de nuevo, jadeando con fuerza.

Nakon drugog pokušaja, psi su se ponovno zaustavili, teško dahćući.

Hal levantó el látigo una vez más, justo cuando Mercedes interfirió nuevamente.

Hal je još jednom podigao bič, baš kad se Mercedes ponovno umiješala.

Ella cayó de rodillas frente a Buck y abrazó su cuello.

Kleknula je pred Bucka i zagrlila ga oko vrata.

Las lágrimas llenaron sus ojos mientras le suplicaba al perro exhausto.

Suze su joj ispunile oči dok je molila iscrpljenog psa.

"Pobres queridos", dijo, "¿por qué no tiran más fuerte?"

„Jadni dragi moji", rekla je, „zašto jednostavno ne povučete jače?"

"Si tiras, no te azotarán así".

„Ako budeš vukao, nećeš biti ovako bičevan."

A Buck no le gustaba Mercedes, pero estaba demasiado cansado para resistirse a ella ahora.

Buck nije volio Mercedes, ali bio je previše umoran da bi joj se sada odupirao.

Él aceptó sus lágrimas como una parte más de ese día miserable.

Prihvatio je njezine suze kao samo još jedan dio jadnog dana.

Uno de los hombres que observaban finalmente habló después de contener su ira.

Jedan od promatrača konačno je progovorio nakon što je suzdržao bijes.

"No me importa lo que les pase a ustedes, pero esos perros importan".

„Ne zanima me što će se vama dogoditi, ali ti psi su važni."

"Si quieres ayudar, suelta ese trineo: está congelado hasta la nieve".

„Ako želiš pomoći, odveži te sanjke - smrznule su se na snijegu."

"Presiona con fuerza el polo G, derecha e izquierda, y rompe el sello de hielo".

"Snažno pritisni motku, desno i lijevo, i razbij ledeni pečat."

Se hizo un tercer intento, esta vez siguiendo la sugerencia del hombre.

Učinjen je treći pokušaj, ovaj put slijedeći čovjekov prijedlog.

Hal balanceó el trineo de un lado a otro, soltando los patines.

Hal je ljuljao saonice s jedne strane na drugu, oslobađajući klizače.

El trineo, aunque sobrecargado y torpe, finalmente avanzó con dificultad.

Sanke, iako preopterećene i nezgrapne, konačno su krenule naprijed.

Buck y los demás tiraron salvajemente, impulsados por una tormenta de latigazos.

Buck i ostali su divlje vukli, nošeni olujom udaraca bičem.

Cien metros más adelante, el sendero se curvaba y descendía hacia la calle.

Stotinjak metara ispred, staza se zavijala i spuštala u ulicu.

Se hubiera necesitado un conductor habilidoso para mantener el trineo en posición vertical.

Trebao je vješt vozač da sanjke drži u uspravnom položaju.

Hal no era hábil y el trineo se volcó al girar en la curva.

Hal nije bio vješt, a saonice su se prevrnule dok su se zaokretale u zavoju.

Las ataduras sueltas cedieron y la mitad de la carga se derramó sobre la nieve.

Labavi vezovi su popustili i polovica tereta se prosula na snijeg.

Los perros no se detuvieron; el trineo, más ligero, siguió volando de lado.

Psi se nisu zaustavili; lakše saonice su letjele na boku.

Enojados por el abuso y la pesada carga, los perros corrieron más rápido.

Ljuti zbog zlostavljanja i teškog tereta, psi su trčali brže.

Buck, furioso, echó a correr, con el equipo siguiéndolo detrás.

Buck, bijesan, dao se u trk, a tim ga je slijedio.

Hal gritó "¡Guau! ¡Guau!", pero el equipo no le hizo caso.

Hal je viknuo „Vau! Vau!", ali tim nije obraćao pažnju na njega.

Tropezó, cayó y fue arrastrado por el suelo por el arnés.

Spotaknuo se, pao i pojas ga je vukao po tlu.

El trineo volcado saltó sobre él mientras los perros corrían delante.

Prevrnute saonice su ga pregazile dok su psi jurili naprijed.

El resto de los suministros se dispersaron por la concurrida calle de Skaguay.

Ostatak zaliha razasuo se po prometnoj ulici Skaguaya.

La gente bondadosa se apresuró a detener a los perros y recoger el equipo.

Dobrodušni ljudi požurili su zaustaviti pse i skupiti opremu.

También dieron consejos, contundentes y prácticos, a los nuevos viajeros.

Također su davali savjete, izravne i praktične, novim putnicima.

"Si quieres llegar a Dawson, lleva la mitad de la carga y el doble de perros".

„Ako želiš doći do Dawsona, uzmi pola tereta i udvostruči broj pasa."

Hal, Charles y Mercedes escucharon, aunque no con entusiasmo.

Hal, Charles i Mercedes su slušali, iako ne s oduševljenjem.

Instalaron su tienda de campaña y comenzaron a clasificar sus suministros.

Razapeli su šator i počeli sortirati svoje zalihe.

Salieron alimentos enlatados, lo que hizo reír a carcajadas a los espectadores.

Izašle su konzervirane proizvode, što je nasmijalo promatrače naglas.

"¿Enlatado en el camino? Te morirás de hambre antes de que se derrita", dijo uno.

„Konzervirane stvari na stazi? Umrijet ćeš od gladi prije nego što se to otopi", rekao je jedan.

¿Mantas de hotel? Mejor tíralas todas.

„Hotelske deke? Bolje ih je sve baciti."

"Si también deshazte de la tienda de campaña, aquí nadie lava los platos".

„Riješi se i šatora, pa ovdje nitko ne pere suđe."

¿Crees que estás viajando en un tren Pullman con sirvientes a bordo?

„Misliš da se voziš Pullmanovim vlakom s poslugom u vlaku?"

El proceso comenzó: todos los objetos inútiles fueron arrojados a un lado.

Proces je započeo - svaka beskorisna stvar je bačena na stranu.

Mercedes lloró cuando sus maletas fueron vaciadas en el suelo nevado.

Mercedes je plakala kad su joj torbe ispraznile na snježno tlo.

Ella sollozaba por cada objeto que tiraba, uno por uno, sin pausa.

Jecala je nad svakim bačenim predmetom, jednim po jednim bez prestanka.

Ella juró no dar un paso más, ni siquiera por diez Charleses.

Zaklela se da neće učiniti ni korak više - čak ni za deset Charlesova.

Ella le rogó a cada persona cercana que le permitiera conservar sus cosas preciosas.

Molila je svaku osobu u blizini da joj dopusti da zadrži svoje dragocjenosti.

Por último, se secó los ojos y comenzó a arrojar incluso la ropa más importante.

Napokon je obrisala oči i počela bacati čak i najvažniju odjeću.

Cuando terminó con los suyos, comenzó a vaciar los suministros de los hombres.

Kad je završila sa svojim, počela je prazniti muške zalihe.

Como un torbellino, destrozó las pertenencias de Charles y
Hal.
Poput vihora, probila je Charlesove i Halove stvari.
Aunque la carga se redujo a la mitad, todavía era mucho más
pesada de lo necesario.
Iako je teret bio prepolovljen, i dalje je bio daleko teži nego što
je bilo potrebno.
Esa noche, Charles y Hal salieron y compraron seis perros
nuevos.
Te noći, Charles i Hal su izašli i kupili šest novih pasa.
Estos nuevos perros se unieron a los seis originales, además
de Teek y Koona.
Ovi novi psi pridružili su se originalnoj šestorici, plus Teeku i
Kooni.
Juntos formaron un equipo de catorce perros enganchados al
trineo.
Zajedno su činili tim od četrnaest pasa privezanih za saonice.
Pero los nuevos perros no eran aptos y estaban mal
entrenados para el trabajo con trineos.
Ali novi psi bili su nesposobni i slabo obučeni za rad u
saonicama.
Tres de los perros eran pointers de pelo corto y uno era un
Terranova.
Tri psa bila su kratkodlaki ptičari, a jedan je bio njufaundlend.
Los dos últimos perros eran mestizos, sin ninguna raza ni
propósito claros.
Posljednja dva psa bili su pse bez ikakve jasne pasmine ili
namjene.
No entendieron el camino y no lo aprendieron rápidamente.
Nisu razumjeli stazu i nisu je brzo naučili.
Buck y sus compañeros los miraron con desprecio y
profunda irritación.
Buck i njegovi drugovi promatrali su ih s prezirom i dubokom
iritacijom.
Aunque Buck les enseñó lo que no debían hacer, no podía
enseñarles cuál era el deber.

Iako ih je Buck naučio što ne smiju raditi, nije ih mogao naučiti dužnosti.

No se adaptaron bien a la vida en senderos ni al tirón de las riendas y los trineos.

Nisu dobro podnosili vuču ili vuču uzdi i saonica.

Sólo los mestizos intentaron adaptarse, e incluso a ellos les faltó espíritu de lucha.

Samo su se mješanci pokušali prilagoditi, a čak je i njima nedostajalo borbenog duha.

Los demás perros estaban confundidos, debilitados y destrozados por su nueva vida.

Ostali psi bili su zbunjeni, oslabljeni i slomljeni svojim novim životom.

Con los nuevos perros desorientados y los viejos exhaustos, la esperanza era escasa.

S novim psima koji nisu imali pojma, a stari su bili iscrpljeni, nada je bila slaba.

El equipo de Buck había recorrido dos mil quinientas millas de senderos difíciles.

Buckov tim je prešao dvjesto tisuća i petsto milja surove staze.

Aún así, los dos hombres estaban alegres y orgullosos de su gran equipo de perros.

Ipak, dvojica muškaraca bila su vesela i ponosna na svoj veliki pseći tim.

Creían que viajaban con estilo, con catorce perros enganchados.

Mislili su da putuju sa stilom, s četrnaest uvezanih pasa.

Habían visto trineos partir hacia Dawson y otros llegar desde allí.

Vidjeli su saonice kako odlaze za Dawson, a druge kako odatle stižu.

Pero nunca habían visto uno tirado por tantos catorce perros.

Ali nikada nisu vidjeli da ga vuče čak četrnaest pasa.

Había una razón por la que equipos como ese eran raros en el desierto del Ártico.

Postojao je razlog zašto su takvi timovi bili rijetki u arktičkoj divljini.

Ningún trineo podría transportar suficiente comida para alimentar a catorce perros durante el viaje.

Nijedna zaprega nije mogla prevesti dovoljno hrane za četrnaest pasa tijekom putovanja.

Pero Charles y Hal no lo sabían: habían hecho los cálculos.

Ali Charles i Hal to nisu znali - već su izračunali.

Planificaron la comida: tanta cantidad por perro, tantos días, y listo.

Olovkom su isplanirali hranu: toliko po psu, toliko dana, gotovo.

Mercedes miró sus figuras y asintió como si tuviera sentido.

Mercedes je pogledala njihove brojke i kimnula kao da to ima smisla.

Todo le parecía muy sencillo, al menos en el papel.

Sve joj se činilo vrlo jednostavnim, barem na papiru.

A la mañana siguiente, Buck guió al equipo lentamente por la calle nevada.

Sljedećeg jutra, Buck je polako vodio tim uz snježnu ulicu.

No había energía ni espíritu en él ni en los perros detrás de él.

Nije bilo energije ni duha ni u njemu ni u psima iza njega.

Estaban muertos de cansancio desde el principio: no les quedaban reservas.

Bili su mrtvi umorni od samog početka - nije bilo više rezerve.

Buck ya había hecho cuatro viajes entre Salt Water y Dawson.

Buck je već četiri puta putovao između Salt Watera i Dawsona.

Ahora, enfrentado nuevamente el mismo desafío, no sentía nada más que amargura.

Sada, suočen ponovno s istim putem, nije osjećao ništa osim gorčine.

Su corazón no estaba en ello, ni tampoco el corazón de los otros perros.

Nije bio oduševljen time, kao ni drugim psima.

Los nuevos perros eran tímidos y los huskies carecían de confianza.

Novi psi su bili plašljivi, a haskijima je nedostajalo nikakvo povjerenje.

Buck sintió que no podía confiar en estos dos hombres ni en su hermana.

Buck je osjetio da se ne može osloniti na ova dva muškarca ili njihovu sestru.

No sabían nada y no mostraron señales de aprender en el camino.

Nisu znali ništa i nisu pokazivali znakove učenja na stazi.

Estaban desorganizados y carecían de cualquier sentido de disciplina.

Bili su neorganizirani i nedostajao im je svaki osjećaj za disciplinu.

Les tomó media noche montar un campamento descuidado cada vez.

Trebalo im je pola noći da svaki put postave neuredni logor.

Y la mitad de la mañana siguiente la pasaron otra vez jugueteando con el trineo.

I pola sljedećeg jutra proveli su ponovno petljajući sa sankama.

Al mediodía, a menudo se detenían simplemente para arreglar la carga desigual.

Do podneva su se često zaustavljali samo da poprave neravnomjeran teret.

Algunos días, viajaron menos de diez millas en total.

Nekih su dana ukupno putovali manje od deset milja.

Otros días ni siquiera conseguían salir del campamento.

Drugih dana uopće nisu uspjeli napustiti logor.

Nunca llegaron a cubrir la distancia alimentaria planificada.

Nikada se nisu približili planiranoj udaljenosti za hranu.

Como era de esperar, muy rápidamente se quedaron sin comida para los perros.

Kao što se i očekivalo, vrlo brzo im je ponestalo hrane za pse.

Empeoró las cosas sobrealimentándolos en los primeros días.

Pogoršali su stvari prejedanjem u ranim danima.

Esto acercaba la hambruna con cada ración descuidada.

To je sa svakim nepažljivim obrokom približavalo glad.

Los nuevos perros no habían aprendido a sobrevivir con muy poco.

Novi psi nisu naučili preživjeti s vrlo malo hrane.

Comieron con hambre, con apetitos demasiado grandes para el camino.

Jeli su gladno, s apetitom prevelikim za put.

Al ver que los perros se debilitaban, Hal creyó que la comida no era suficiente.

Vidjevši kako psi slabe, Hal je vjerovao da hrana nije dovoljna.

Duplicó las raciones, empeorando aún más el error.

Udvostručio je obroke, čime je greška postala još gora.

Mercedes añadió más problemas con lágrimas y suaves súplicas.

Mercedes je problemu doprinijela suzama i tihim molbama.

Cuando no pudo convencer a Hal, alimentó a los perros en secreto.

Kad nije mogla uvjeriti Hala, potajno je nahranila pse.

Ella robó de los sacos de pescado y se lo dio a sus espaldas.

Krala je iz vreća s ribom i davala im je iza njegovih leđa.

Pero lo que los perros realmente necesitaban no era más comida: era descanso.

Ali ono što psima zaista nije bilo potrebno bila je više hrane - bio je to odmor.

Iban a poca velocidad, pero el pesado trineo aún seguía avanzando.

Loše su napredovali, ali teške saonice su se i dalje vukle.

Ese peso solo les quitaba las fuerzas que les quedaban cada día.

Samo ta težina im je svakodnevno iscrpljivala preostalu snagu.

Luego vino la etapa de desalimentación ya que los suministros escasearon.

Zatim je uslijedila faza pothranjenosti jer su zalihe nestajale.

Una mañana, Hal se dio cuenta de que la mitad de la comida para perros ya había desaparecido.

Hal je jednog jutra shvatio da je pola pseće hrane već nestalo.

Sólo habían recorrido una cuarta parte de la distancia total del recorrido.

Prešli su samo četvrtinu ukupne udaljenosti staze.

No se podía comprar más comida por ningún precio que se ofreciera.

Više se nije mogla kupiti hrana, bez obzira na ponuđenu cijenu.

Redujo las raciones de los perros por debajo de la ración diaria estándar.

Smanjio je porcije pasa ispod standardne dnevne porcije.

Al mismo tiempo, exigió viajes más largos para compensar las pérdidas.

Istovremeno, zahtijevao je dulja putovanja kako bi nadoknadio gubitak.

Mercedes y Carlos apoyaron este plan, pero fracasaron en su ejecución.

Mercedes i Charles su podržali ovaj plan, ali nisu uspjeli u njegovoj izvedbi.

Su pesado trineo y su falta de habilidad hicieron que el avance fuera casi imposible.

Njihove teške saonice i nedostatak vještine učinili su napredak gotovo nemogućim.

Era fácil dar menos comida, pero imposible forzar más esfuerzo.

Bilo je lako dati manje hrane, ali nemoguće prisiliti se na veći napor.

No podían salir temprano ni tampoco viajar horas extras.

Nisu mogli rano krenuti, niti su mogli putovati prekovremeno.

No sabían cómo trabajar con los perros, ni tampoco ellos mismos.

Nisu znali kako upravljati psima, a ni sobom, što se toga tiče.

El primer perro que murió fue Dub, el desafortunado pero trabajador ladrón.

Prvi pas koji je uginuo bio je Dub, nesretni, ali vrijedni lopov.

Aunque a menudo lo castigaban, Dub había hecho su parte sin quejarse.

Iako često kažnjavan, Dub je nosio svoju dužnost bez prigovora.

Su hombro lesionado empeoró sin cuidados ni necesidad de descanso.

Njegovo ozlijeđeno rame se pogoršavalo bez njege ili potrebe za odmorom.

Finalmente, Hal usó el revólver para acabar con el sufrimiento de Dub.

Konačno, Hal je upotrijebio revolver kako bi okončao Dubovu patnju.

Un dicho común afirma que los perros normales mueren con raciones para perros esquimales.

Uobičajena izreka tvrdila je da normalni psi umiru od haskijevih obroka.

Los seis nuevos compañeros de Buck tenían sólo la mitad de la porción de comida del husky.

Buckovih šest novih suputnika imalo je samo polovicu haskijevog udjela hrane.

Primero murió el Terranova y después los tres bracos de pelo corto.

Prvo je uginuo novofaundlend, a zatim tri kratkodlaka poenta.

Los dos mestizos resistieron más tiempo pero finalmente perecieron como el resto.

Dva mješanca su se duže držala, ali su na kraju uginula kao i ostali.

Para entonces, todas las comodidades y la dulzura de Southland habían desaparecido.

Do tada su sve pogodnosti i blagost Juga nestale.

Las tres personas habían perdido los últimos vestigios de su educación civilizada.

To troje ljudi odbacilo je posljednje tragove svog civiliziranog odgoja.

Despojado de glamour y romance, el viaje al Ártico se volvió brutalmente real.

Lišeno glamura i romantike, arktičko putovanje postalo je brutalno stvarno.

Era una realidad demasiado dura para su sentido de masculinidad y feminidad.

Bila je to presurova stvarnost za njihov osjećaj muževnosti i ženstvenosti.

Mercedes ya no lloraba por los perros, ahora lloraba sólo por ella misma.

Mercedes više nije plakala za psima, već je sada plakala samo za sobom.

Pasó su tiempo llorando y peleando con Hal y Charles.

Vrijeme je provodila plačući i svađajući se s Halom i Charlesom.

Pelear era lo único que nunca estaban demasiado cansados para hacer.

Svađa je bila jedina stvar za koju se nikad nisu previše umorili.

Su irritabilidad surgió de la miseria, creció con ella y la superó.

Njihova razdražljivost dolazila je iz bijede, rasla je s njom i nadmašila je.

La paciencia del camino, conocida por quienes trabajan y sufren con bondad, nunca llegó.

Strpljenje na putu, poznato onima koji se trude i pate ljubazno, nikada nije došlo.

Esa paciencia que conserva dulce la palabra a pesar del dolor les era desconocida.

To strpljenje, koje održava govor slatkim kroz bol, bilo im je nepoznato.

No tenían ni un ápice de paciencia ni la fuerza que suponía sufrir con gracia.

Nisu imali ni traga strpljenja, ni snage crpene iz patnje s milošću.

Estaban rígidos por el dolor: les dolían los músculos, los huesos y el corazón.

Bili su ukočeni od boli - boljeli su ih mišići, kosti i srca.

Por eso se volvieron afilados de lengua y rápidos para usar palabras ásperas.

Zbog toga su postali oštri na jeziku i brzi na grube riječi.

Cada día comenzaba y terminaba con voces enojadas y amargas quejas.

Svaki dan je počinjao i završavao ljutitim glasovima i gorkim pritužbama.

Charles y Hal discutían cada vez que Mercedes les daba una oportunidad.

Charles i Hal su se svađali kad god bi im Mercedes dala priliku.

Cada hombre creía que hacía más de lo que le correspondía en el trabajo.

Svaki je čovjek vjerovao da je učinio više nego što mu pripada.

Ninguno de los dos perdió la oportunidad de decirlo una y otra vez.

Niti jedno od njih nije propustilo priliku da to kaže, iznova i iznova.

A veces Mercedes se ponía del lado de Charles, a veces del lado de Hal.

Ponekad je Mercedes stala na stranu Charlesa, ponekad na stranu Hala.

Esto dio lugar a una gran e interminable disputa entre los tres.

To je dovelo do velike i beskrajne svađe među njima trojicom.

Una disputa sobre quién debería cortar leña se salió de control.

Spor oko toga tko bi trebao cijepati drva za ogrjev izmakao je kontroli.

Pronto se nombraron padres, madres, primos y parientes muertos.

Ubrzo su imenovani očevi, majke, rođaci i preminuli rođaci.

Las opiniones de Hal sobre el arte o las obras de su tío se convirtieron en parte de la pelea.

Halovi stavovi o umjetnosti ili drame njegovog ujaka postali su dio borbe.

Las creencias políticas de Charles también entraron en el debate.

Charlesova politička uvjerenja također su ušla u raspravu.

Para Mercedes, incluso los chismes de la hermana de su marido parecían relevantes.

Mercedes su se čak i tračevi muževljeve sestre činili relevantnima.

Ella expresó sus opiniones sobre eso y sobre muchos de los defectos de la familia de Charles.

Iznijela je mišljenja o tome i o mnogim manama Charlesove obitelji.

Mientras discutían, el fuego permaneció apagado y el campamento medio montado.

Dok su se prepirali, vatra je ostala ugašena, a logor napola zapaljen.

Mientras tanto, los perros permanecieron fríos y sin comida.

U međuvremenu, psi su ostali hladni i bez ikakve hrane.

Mercedes tenía un motivo de queja que consideraba profundamente personal.

Mercedes je imala zamjerku koju je smatrala duboko osobnom.

Se sintió maltratada como mujer, negándole sus privilegios de gentileza.

Osjećala se zlostavljano kao žena, uskraćene su joj njezine privilegije blagonaklonosti.

Ella era bonita y dulce, y acostumbrada a la caballerosidad toda su vida.

Bila je lijepa i nježna, i cijeli život navikla na viteštvo.

Pero su marido y su hermano ahora la trataban con impaciencia.

Ali njezin muž i brat sada su se prema njoj odnosili s nestrpljenjem.

Su costumbre era actuar con impotencia y comenzaron a quejarse.

Imala je naviku ponašati se bespomoćno, a oni su se počeli žaliti.

Ofendida por esto, les hizo la vida aún más difícil.

Uvrijeđena time, dodatno im je otežala život.

Ella ignoró a los perros e insistió en montar ella misma el trineo.

Ignorirala je pse i inzistirala je da sama vozi saonice.

Aunque parecía ligera de aspecto, pesaba ciento veinte libras.

Iako je bila lagane građe, težila je sto dvadeset funti.

Esa carga adicional era demasiado para los perros hambrientos y débiles.

Taj dodatni teret bio je prevelik za izgladnjele, slabe pse.

Aún así, ella cabalgó durante días, hasta que los perros se desplomaron en las riendas.

Ipak, jahala je danima, sve dok se psi nisu srušili pod uzde.

El trineo se detuvo y Charles y Hal le rogaron que caminara.

Sanke su stajale mirno, a Charles i Hal su je molili da hoda.

Ellos suplicaron y rogaron, pero ella lloró y los llamó crueles.

Molili su i preklinjali, ali ona je plakala i nazivala ih okrutnima.

En una ocasión la sacaron del trineo con pura fuerza y enojo.

Jednom prilikom su je silom i bijesom skinuli sa saonica.

Nunca volvieron a intentarlo después de lo que pasó aquella vez.

Nikada više nisu pokušali nakon onoga što se tada dogodilo.

Ella se quedó flácida como un niño mimado y se sentó en la nieve.

Opustila se poput razmaženog djeteta i sjela u snijeg.

Ellos siguieron adelante, pero ella se negó a levantarse o seguirlos.

Krenuli su dalje, ali ona je odbila ustati ili ih slijediti.

Después de tres millas, se detuvieron, regresaron y la llevaron de regreso.

Nakon tri milje, zaustavili su se, vratili i odnijeli je natrag.

La volvieron a cargar en el trineo, nuevamente usando la fuerza bruta.

Ponovno su je utovarili na sanjke, ponovno koristeći sirovu snagu.

En su profunda miseria, fueron insensibles al sufrimiento de los perros.

U svojoj dubokoj bijedi, bili su bešćutni prema patnji pasa.

Hal creía que uno debía endurecerse y forzar esa creencia a los demás.

Hal je vjerovao da se čovjek mora otvrdnuti i nametao je to uvjerenje drugima.

Primero intentó predicar su filosofía a su hermana.

Prvo je pokušao propovijedati svoju filozofiju sestri

y luego, sin éxito, le predicó a su cuñado.

a zatim je bezuspješno propovijedao svom šogoru.

Tuvo más éxito con los perros, pero sólo porque los lastimaba.

Imao je više uspjeha sa psima, ali samo zato što ih je ozlijedio.

En Five Fingers, la comida para perros se quedó completamente sin comida.

U Five Fingersu, hrana za pse je potpuno ostala bez hrane.

Una vieja india desdentada vendió unas cuantas libras de cuero de caballo congelado

Bezuba stara skvo prodala je nekoliko kilograma smrznute konjske kože

Hal cambió su revólver por la piel de caballo seca.

Hal je zamijenio svoj revolver za osušenu konjsku kožu.

La carne había procedido de caballos hambrientos de ganaderos meses antes.

Meso je došlo od izgladnjelih konja stočara mjesecima ranije.

Congelada, la piel era como hierro galvanizado: dura y incomestible.

Smrznuta, koža je bila poput pocinčanog željeza; žilava i nejestiva.

Los perros tenían que masticar sin parar la piel para poder comérsela.

Psi su morali beskrajno žvakati kožu kako bi je pojeli.

Pero las cuerdas correosas y el pelo corto no constituían apenas alimento.

Ali kožaste niti i kratka kosa teško da su bile hrana.

La mayor parte de la piel era irritante y no era alimento en ningún sentido estricto.

Većina kože bila je iritantna i nije bila hrana u pravom smislu riječi.

Y durante todo ese tiempo, Buck se tambaleaba al frente, como en una pesadilla.

I kroz sve to, Buck se teturao sprijeda, kao u noćnoj mori.

Tiraba cuando podía, y cuando no, se quedaba tendido hasta que un látigo o un garrote lo levantaban.

Vukao je kad god je mogao; kad nije, ležao je dok ga bič ili palica ne bi podigli.

Su fino y brillante pelaje había perdido toda la rigidez y brillo que alguna vez tuvo.

Njegova fina, sjajna dlaka izgubila je svu nekadašnju čvrstoću i sjaj.

Su cabello colgaba lacio, enmarañado y cubierto de sangre seca por los golpes.

Kosa mu je visjela mlohavo, raščupana i zgrušana od osušene krvi od udaraca.

Sus músculos se encogieron hasta convertirse en cuerdas y sus almohadillas de carne estaban todas desgastadas.

Mišići su mu se smanjili u žice, a svi kožni jastučići bili su istrošeni.

Cada costilla, cada hueso se veía claramente a través de los pliegues de la piel arrugada.

Svako rebro, svaka kost jasno se vidjela kroz nabore naborane kože.

Fue desgarrador, pero el corazón de Buck no podía romperse.

Bilo je srceparajuće, ali Buckovo srce se nije moglo slomiti.

El hombre del suéter rojo lo había probado y demostrado hacía mucho tiempo.

Čovjek u crvenom džemperu to je davno isprobao i dokazao.

Tal como sucedió con Buck, sucedió con el resto de sus compañeros de equipo.

Kao što je bilo s Buckom, tako je bilo i sa svim njegovim preostalim suigračima.

Eran siete en total, cada uno de ellos un esqueleto andante de miseria.

Bilo ih je ukupno sedam, svaki od njih hodajući kostur bijede.

Se habían vuelto insensibles a los latigazos y solo sentían un dolor distante.

Utrnuli su od udaraca bičem, osjećajući samo daleku bol.

Incluso la vista y el sonido les llegaban débilmente, como a través de una espesa niebla.

Čak su im i vid i zvuk dopirali slabo, kao kroz gustu maglu.

No estaban ni medio vivos: eran huesos con tenues chispas en su interior.

Nisu bili napola živi - bili su to kosti s prigušenim iskrama u sebi.

Al detenerse, se desplomaron como cadáveres y sus chispas casi desaparecieron.

Kad su se zaustavili, srušili su se poput leševa, njihove su iskre gotovo nestale.

Y cuando el látigo o el garrote volvían a golpear, las chispas revoloteaban débilmente.

A kad bič ili toljaga ponovno udarili, iskre su slabo treperile.

Entonces se levantaron, se tambalearon hacia adelante y arrastraron sus extremidades hacia delante.

Zatim su se digli, teturali naprijed i vukli udove naprijed.

Un día el amable Billee se cayó y ya no pudo levantarse.

Jednog dana, ljubazni Billee je pao i više se uopće nije mogao ustati.

Hal había cambiado su revólver, por lo que utilizó un hacha para matar a Billee.

Hal je zamijenio svoj revolver, pa je umjesto toga ubio Billeeja sjekirom.

Lo golpeó en la cabeza, luego le cortó el cuerpo y se lo llevó arrastrado.

Udario ga je po glavi, zatim mu je odsjekao tijelo i odvukao ga.

Buck vio esto, y también los demás; sabían que la muerte estaba cerca.

Buck je to vidio, kao i ostali; znali su da je smrt blizu.

Al día siguiente Koona se fue, dejando sólo cinco perros en el equipo hambriento.

Sljedećeg dana Koona je otišao, ostavljajući samo pet pasa u izgladnjelom timu.

Joe, que ya no era malo, estaba demasiado perdido como para darse cuenta de gran cosa.

Joe, više ne zao, bio je previše daleko da bi uopće bio svjestan ištaga.

Pike, que ya no fingía su lesión, estaba apenas consciente.

Pike, više ne glumeći ozljedu, jedva je bio pri svijesti.

Solleks, todavía fiel, lamentó no tener fuerzas para dar.

Solleks, još uvijek vjeran, tugovao je što nema snage dati.

Teek fue el que más perdió porque estaba más fresco, pero su rendimiento se estaba agotando rápidamente.

Teek je najviše pretučen jer je bio svježiji, ali je brzo slabio.

Y Buck, todavía a la cabeza, ya no mantenía el orden ni lo hacía cumplir.

A Buck, još uvijek na čelu, više nije održavao red niti ga provodio.

Medio ciego por la debilidad, Buck siguió el rastro sólo por el tacto.

Poluslijep od slabosti, Buck je slijedio trag samo osjećajem.

Era un hermoso clima primaveral, pero ninguno de ellos lo notó.

Bilo je prekrasno proljetno vrijeme, ali nitko od njih to nije primijetio.

Cada día el sol salía más temprano y se ponía más tarde que el anterior.

Svaki dan sunce je izlazilo ranije i zalazilo kasnije nego prije.

A las tres de la mañana ya había amanecido; el crepúsculo duró hasta las nueve.

Do tri ujutro svanula je zora; sumrak je trajao do devet.

Los largos días estuvieron llenos del resplandor del sol primaveral.

Dugi dani bili su ispunjeni punim sjajem proljetnog sunca.

El silencio fantasmal del invierno se había transformado en un cálido murmullo.

Sablasna tišina zime pretvorila se u toplo mrmljanje.

Toda la tierra estaba despertando, viva con la alegría de los seres vivos.

Cijela se zemlja budila, živjela od radosti živih bića.

El sonido provenía de lo que había permanecido muerto e inmóvil durante el invierno.

Zvuk je dolazio iz onoga što je ležalo mrtvo i nepomično tijekom zime.

Ahora, esas cosas se movieron nuevamente, sacudiéndose el largo sueño helado.

Sada su se ta stvorenja ponovno pomaknula, otresajući se dugog ledenog sna.

La savia subía a través de los oscuros troncos de los pinos que esperaban.

Sok se dizao kroz tamna debla borova koji su čekali.

Los sauces y los álamos brotan brillantes y jóvenes brotes en cada ramita.

Vrbe i jasike izbijaju sjajne mlade pupoljke na svakoj grančici.

Los arbustos y las enredaderas se vistieron de un verde fresco a medida que el bosque cobraba vida.

Grmlje i vinova loza poprimili su svježu zelenu boju dok su šume oživljavale.

Los grillos cantaban por la noche y los insectos se arrastraban bajo el sol del día.

Cvrci su noću cvrčali, a kukci su gmizali na dnevnom suncu.

Las perdices graznaban y los pájaros carpinteros picoteaban en lo profundo de los árboles.

Jarebice su tutnjale, a djetlići su kucali duboko u drveću.

Las ardillas parloteaban, los pájaros cantaban y los gansos graznaban al hablarles a los perros.

Vjeverice su čavrljale, ptice pjevale, a guske su trubile nad psima.

Las aves silvestres llegaron en grupos afilados, volando desde el sur.

Divlje peradi su dolazile u oštrim klinovima, leteći s juga.

De cada ladera llegaba la música de arroyos ocultos y caudalosos.

Sa svake padine dopirala je glazba skrivenih, žuborećih potoka.

Todas las cosas se descongelaron y se rompieron, se doblaron y volvieron a ponerse en movimiento.

Sve se odmrznulo i puklo, savilo i ponovno se pokrenulo.

El Yukón se esforzó por romper las frías cadenas del hielo congelado.

Yukon se naprezao da razbije hladne lance smrznutog leda.

El hielo se derritió desde abajo, mientras que el sol lo derritió desde arriba.

Led se topio odozdo, dok ga je sunce topilo odozgo.

Se abrieron agujeros de aire, se abrieron grietas y algunos trozos cayeron al río.

Otvorili su se otvori za zrak, pukotine su se proširile, a komadi su padali u rijeku.

En medio de toda esta vida frenética y llameante, los viajeros se tambaleaban.

Usred sveg tog užurbanog i plamtećeg života, putnici su teturali.

Dos hombres, una mujer y una jauría de perros esquimales caminaban como muertos.

Dva muškarca, žena i čopor haskija hodali su kao mrtvi.

Los perros caían, Mercedes lloraba, pero seguía montando el trineo.

Psi su padali, Mercedes je plakala, ali je i dalje vozila saonice.

Hal maldijo débilmente y Charles parpadeó con los ojos llorosos.

Hal je slabo opsovao, a Charles je trepnuo kroz suzne oči.

Se toparon con el campamento de John Thornton junto a la desembocadura del río Blanco.

Nabasali su na logor Johna Thorntona kod ušća Bijele rijeke.

Cuando se detuvieron, los perros cayeron al suelo, como si todos hubieran muerto.

Kad su se zaustavili, psi su se srušili na zemlju, kao da su svi udareni mrtvi.

Mercedes se secó las lágrimas y miró a John Thornton.

Mercedes je obrisala suze i pogledala Johna Thorntona.

Charles se sentó en un tronco, lenta y rígidamente, dolorido por el camino.

Charles je sjedio na trupcu, polako i ukočeno, boleći se od staze.

Hal habló mientras Thornton tallaba el extremo del mango de un hacha.

Hal je govorio dok je Thornton rezbario vrh drške sjekire.

Él tallaba madera de abedul y respondía con respuestas breves y firmes.

Rezao je brezovo drvo i odgovarao kratkim, čvrstim odgovorima.

Cuando se le preguntó, dio consejos, seguro de que no serían seguidos.

Kad su ga pitali, dao je savjet, siguran da ga se neće poslušati.

Hal explicó: "Nos dijeron que el hielo del sendero se estaba desprendiendo".

Hal je objasnio: „Rekli su nam da se led na stazi otapa."

Dijeron que nos quedáramos allí, pero llegamos a White River.

„Rekli su da ostanemo ovdje - ali stigli smo do White Rivera."

Terminó con un tono burlón, como para proclamar la victoria en medio de las dificultades.

Završio je podrugljivim tonom, kao da tvrdi da je pobijedio u teškoćama.

—Y te dijeron la verdad —respondió John Thornton a Hal en voz baja.

„I rekli su ti istinu", tiho je odgovorio John Thornton Halu.

"El hielo puede ceder en cualquier momento; está a punto de desprenderse".

„Led može popustiti svakog trena — spreman je otpasti."

"Solo la suerte ciega y los tontos pudieron haber llegado tan lejos con vida".

"Samo slijepa sreća i budale mogli su doživjeti ovoliko života."

"Te lo digo directamente: no arriesgaría mi vida ni por todo el oro de Alaska".

„Kažem ti otvoreno, ne bih riskirao život za svo aljaško zlato."

—Supongo que es porque no eres tonto —respondió Hal.

„To je valjda zato što nisi budala", odgovori Hal.

—De todos modos, seguiremos hasta Dawson. —Desenrolló el látigo.

„Svejedno, idemo dalje do Dawsona." Odmotao je bič.

—¡Sube, Buck! ¡Hola! ¡Sube! ¡Vamos! —gritó con dureza.

„Popni se gore, Buck! Bok! Ustaj! Hajde!" oštro je viknuo.

Thornton siguió tallando madera, sabiendo que los tontos no escucharían razones.

Thornton je nastavio rezbariti, znajući da budale neće čuti razum.

Detener a un tonto era inútil, y dos o tres tontos no cambiaban nada.

Zaustaviti budalu bilo je uzaludno - a dvije ili tri budale nisu ništa promijenile.

Pero el equipo no se movió ante la orden de Hal.

Ali tim se nije pomaknuo na zvuk Halove naredbe.

A estas alturas, sólo los golpes podían hacerlos levantarse y avanzar.

Do sada su ih samo udarci mogli natjerati da se dignu i krenu naprijed.

El látigo golpeó una y otra vez a los perros debilitados.

Bič je iznova i iznova udarao po oslabljenim psima.

John Thornton apretó los labios con fuerza y observó en silencio.

John Thornton čvrsto je stisnuo usne i promatrao u tišini.

Solleks fue el primero en ponerse de pie bajo el látigo.

Solleks je prvi puzajući skočio na noge pod bičem.

Entonces Teek lo siguió, temblando. Joe gritó al tambalearse.

Zatim je Teek drhtavo krenuo za njim. Joe je kriknuo dok se spoticao.

Pike intentó levantarse, falló dos veces y finalmente se mantuvo en pie, tambaleándose.

Pike je pokušao ustati, dvaput nije uspio, a onda je konačno nesigurno stao.

Pero Buck yacía donde había caído, sin moverse en absoluto este momento.

Ali Buck je ležao tamo gdje je pao, ovaj put se uopće nije pomicao.

El látigo lo golpeaba una y otra vez, pero él no emitía ningún sonido.

Bič ga je udarao iznova i iznova, ali nije ispustio ni glasa.

Él no se inmutó ni se resistió, simplemente permaneció quieto y en silencio.

Nije se trznuo niti opirao, jednostavno je ostao miran i tih.

Thornton se movió más de una vez, como si fuera a hablar, pero no lo hizo.

Thornton se pomaknuo više puta, kao da će progovoriti, ali nije.

Sus ojos se humedecieron y el látigo siguió golpeando contra Buck.

Oči su mu se navlažile, a bič je i dalje udarao o Bucka.

Finalmente, Thornton comenzó a caminar lentamente, sin saber qué hacer.

Konačno, Thornton je počeo polako koračati, nesiguran što da radi.

Era la primera vez que Buck fallaba y Hal se puso furioso.

Bio je to prvi put da Buck nije uspio, a Hal se razbjesnio.

Dejó el látigo y en su lugar tomó el pesado garrote.

Bacio je bič i umjesto toga podigao tešku toljagu.

El palo de madera cayó con fuerza, pero Buck todavía no se levantó para moverse.

Drvena toljaga snažno je pala, ali Buck se i dalje nije dizao da se pomakne.

Al igual que sus compañeros de equipo, era demasiado débil, pero más que eso.

Poput svojih suigrača, bio je preslab - ali više od toga.

Buck había decidido no moverse, sin importar lo que sucediera después.

Buck je odlučio da se ne miče, bez obzira na to što će se dogoditi.

Sintió algo oscuro y seguro flotando justo delante.

Osjetio je nešto mračno i sigurno kako lebdi tik ispred sebe.

Ese miedo se apoderó de él tan pronto como llegó a la orilla del río.

Taj ga je strah obuzeo čim je stigao do obale rijeke.

La sensación no lo había abandonado desde que sintió el hielo fino bajo sus patas.

Taj osjećaj ga nije napustio otkad je osjetio kako mu je led tanak pod šapama.

Algo terrible lo esperaba; lo sintió más allá del camino.

Nešto strašno ga je čekalo - osjećao je to odmah niz stazu.

No iba a caminar hacia esa cosa terrible que había delante.

Nije namjeravao hodati prema toj strašnoj stvari ispred sebe.

Él no iba a obedecer ninguna orden que lo llevara a esa cosa.

Nije namjeravao poslušati nikakvu naredbu koja ga je dovela do te stvari.

El dolor de los golpes apenas lo afectaba ahora: estaba demasiado lejos.

Bol od udaraca ga sada jedva da je doticala - bio je previše umoran.

La chispa de la vida parpadeaba débilmente y se apagaba bajo cada golpe cruel.

Iskra života slabo je treperila, prigušena pod svakim okrutnim udarcem.

Sus extremidades se sentían distantes; su cuerpo entero parecía pertenecer a otro.

Udovi su mu bili udaljeni; cijelo tijelo kao da je pripadalo nekome drugome.

Sintió un extraño entumecimiento mientras el dolor desapareció por completo.

Osjetio je čudnu utrnulost dok je bol potpuno nestajala.

Desde lejos, sentía que lo golpeaban, pero apenas lo sabía.

Iz daljine je osjećao da ga tuku, ali jedva je bio svjestan toga.

Podía oír los golpes débilmente, pero ya no dolían realmente.

Slabo je čuo tupe udarce, ali više nisu istinski boljeli.

Los golpes dieron en el blanco, pero su cuerpo ya no parecía el suyo.

Udarci su padali, ali njegovo tijelo više nije izgledalo kao njegovo.

Entonces, de repente y sin previo aviso, John Thornton lanzó un grito salvaje.

Tada je iznenada, bez upozorenja, John Thornton divlje kriknuo.

Era un grito inarticulado, más el grito de una bestia que el de un hombre.

Bio je neartikuliran, više krik zvijeri nego čovjeka.

Saltó hacia el hombre con el garrote y tiró a Hal hacia atrás.

Skočio je na čovjeka s palicom i srušio Hala unatrag.

Hal voló como si lo hubiera golpeado un árbol y aterrizó con fuerza en el suelo.

Hal je poletio kao da ga je udarilo drvo, teško sletjevši na tlo.

Mercedes gritó en pánico y se llevó las manos a la cara.

Mercedes je u panici glasno vrisnula i uhvatila se za lice.

Charles se limitó a mirar, se secó los ojos y permaneció sentado.

Charles je samo gledao, obrisao oči i ostao sjediti.

Su cuerpo estaba demasiado rígido por el dolor para levantarse o ayudar en la pelea.

Tijelo mu je bilo previše ukočeno od boli da bi ustao ili pomogao u borbi.

Thornton se quedó de pie junto a Buck, temblando de furia, incapaz de hablar.

Thornton je stajao nad Buckom, drhteći od bijesa, nesposoban progovoriti.

Se estremeció de rabia y luchó por encontrar su voz a través de ella.

Tresao se od bijesa i borio se da pronađe svoj glas kroz njega.

—Si vuelves a golpear a ese perro, te mataré —dijo finalmente.

„Ako još jednom udariš tog psa, ubit ću te", konačno je rekao.

Hal se limpió la sangre de la boca y volvió a avanzar.

Hal je obrisao krv s usta i ponovno prišao.

—Es mi perro —murmuró—. ¡Quítate del medio o te curaré!

„To je moj pas", promrmljao je. „Makni se s puta ili ću te ja srediti."

"Voy a Dawson y no me lo vas a impedir", añadió.

„Idem u Dawson, a ti me nećeš zaustaviti", dodao je.

Thornton se mantuvo firme entre Buck y el joven enojado.

Thornton je čvrsto stajao između Bucka i ljutitog mladića.

No tenía intención de hacerse a un lado o dejar pasar a Hal.

Nije imao namjeru da se pomakne ili pusti Hala da prođe.

Hal sacó su cuchillo de caza, largo y peligroso en la mano.

Hal je izvukao svoj lovački nož, dug i opasan u ruci.

Mercedes gritó, luego lloró y luego rió con una histeria salvaje.

Mercedes je vrištala, zatim plakala, a zatim se divlje histerično smijala.

Thornton golpeó la mano de Hal con el mango de su hacha, fuerte y rápido.

Thornton je snažno i brzo udario Halovu ruku drškom sjekire.

El cuchillo se soltó del agarre de Hal y voló al suelo.

Nož je ispao iz Halovog stiska i odletio na tlo.

Hal intentó recoger el cuchillo y Thornton volvió a golpearle los nudillos.

Hal je pokušao podići nož, a Thornton je ponovno lupnuo zglobovima.

Entonces Thornton se agachó, agarró el cuchillo y lo sostuvo.

Tada se Thornton sagnuo, zgrabio nož i držao ga.

Con dos rápidos golpes del mango del hacha, cortó las riendas de Buck.

S dva brza udarca drškom sjekire prerezao je Buckove uzde.

Hal ya no tenía fuerzas para luchar y se apartó del perro.

Hal nije više imao borbenosti i odmaknuo se od psa.

Además, Mercedes necesitaba ahora ambos brazos para mantenerse erguida.

Osim toga, Mercedes je sada trebala obje ruke da bi se održala uspravno.

Buck estaba demasiado cerca de la muerte como para volver a ser útil para tirar de un trineo.

Buck je bio preblizu smrti da bi ponovno bio koristan za vuču saonica.

Unos minutos después, se marcharon y se dirigieron río abajo.

Nekoliko minuta kasnije, krenuli su niz rijeku.

Buck levantó la cabeza débilmente y los observó mientras salían del banco.

Buck je slabo podigao glavu i gledao ih kako izlaze iz banke.

Pike lideró el equipo, con Solleks en la parte trasera, al volante.

Pike je predvodio momčad, a Solleks je bio na začelju na poziciji volana.

Joe y Teek caminaron entre ellos, ambos cojeando por el cansancio.

Joe i Teek su hodali između, obojica šepajući od iscrpljenosti.

Mercedes se sentó en el trineo y Hal agarró el largo palo.

Mercedes je sjedila na sanjkama, a Hal je čvrsto držao dugu motku za hvatanje.

Charles se tambaleó detrás, sus pasos torpes e inseguros.

Charles je teturao iza sebe, koraci su mu bili nespretni i nesigurni.

Thornton se arrodilló junto a Buck y buscó con delicadeza los huesos rotos.

Thornton je kleknuo pokraj Bucka i nježno opipao slomljene kosti.

Sus manos eran ásperas pero se movían con amabilidad y cuidado.

Ruke su mu bile grube, ali pokreti su im bili ljubazni i pažljivi.

El cuerpo de Buck estaba magullado pero no mostraba lesiones duraderas.

Buckovo tijelo je bilo u modricama, ali nije pokazivalo trajne ozljede.

Lo que quedó fue un hambre terrible y una debilidad casi total.

Ono što je ostalo bila je strašna glad i gotovo potpuna slabost.

Cuando esto quedó claro, el trineo ya había avanzado mucho río abajo.

Dok se to razvedrilo, saonice su već otišle daleko nizvodno.

El hombre y el perro observaron cómo el trineo se deslizaba lentamente sobre el hielo agrietado.

Čovjek i pas gledali su kako saonice polako pužu preko pucajućeg leda.

Luego vieron que el trineo se hundía en un hueco.

Zatim su vidjeli kako saonice tonu u udubinu.

El mástil voló hacia arriba, con Hal todavía aferrándose a él en vano.

Motka je odletjela gore, a Hal se još uvijek uzalud držao za nju.

El grito de Mercedes les llegó a través de la fría distancia.

Mercedesin vrisak dopro je do njih preko hladne udaljenosti.

Charles se giró y dio un paso atrás, pero ya era demasiado tarde.

Charles se okrenuo i koraknuo unatrag - ali bilo je prekasno.

Una capa de hielo entera cedió y todos ellos cayeron al suelo.

Cijela ledena ploča se srušila i svi su propali.

Los perros, los trineos y las personas desaparecieron en el agua negra que había debajo.

Psi, saonice i ljudi nestali su u crnoj vodi ispod.

En el hielo por donde habían pasado sólo quedaba un amplio agujero.

Samo je široka rupa u ledu ostala tamo gdje su prošli.

El sendero se había hundido por completo, tal como Thornton había advertido.

Dno staze se urušilo - baš kao što je Thornton upozorio.

Thornton y Buck se miraron el uno al otro y guardaron silencio por un momento.

Thornton i Buck su se pogledali i na trenutak zašutjeli.

—Pobre diablo —dijo Thornton suavemente, y Buck le lamió la mano.

„Jadniče", reče Thornton tiho, a Buck mu poliza ruku.

Por el amor de un hombre
Iz ljubavi prema čovjeku

John Thornton se congeló los pies en el frío del diciembre anterior.
Johnu Thorntonu su se smrzle noge u hladnoći prethodnog prosinca.
Sus compañeros lo hicieron sentir cómodo y lo dejaron recuperarse solo.
Njegovi partneri su ga smjestili i ostavili ga da se sam oporavlja.
Subieron al río para recoger una balsa de troncos para aserrar para Dawson.
Otišli su uz rijeku kako bi skupili gomilu pilana za Dawsona.
Todavía cojeaba ligeramente cuando rescató a Buck de la muerte.
Još je lagano šepao kad je spasio Bucka od smrti.
Pero como el clima cálido continuó, incluso esa cojera desapareció.
Ali kako je toplo vrijeme potrajalo, čak je i to hramanje nestalo.
Durante los largos días de primavera, Buck descansaba a orillas del río.
Ležeći uz obalu rijeke tijekom dugih proljetnih dana, Buck se odmarao.
Observó el agua fluir y escuchó a los pájaros y a los insectos.
Promatrao je tekuću vodu i slušao ptice i kukce.
Lentamente, Buck recuperó su fuerza bajo el sol y el cielo.
Polako je Buck vraćao snagu pod suncem i nebom.
Un descanso fue maravilloso después de viajar tres mil millas.
Odmor je bio predivan nakon putovanja od tri tisuće milja.
Buck se volvió perezoso a medida que sus heridas sanaban y su cuerpo se llenaba.
Buck je postao lijen dok su mu rane zacjeljivale, a tijelo se punilo.
Sus músculos se reafirmaron y la carne volvió a cubrir sus huesos.

Mišići su mu se učvrstili, a meso se vratilo da prekrije njegove kosti.

Todos estaban descansando: Buck, Thornton, Skeet y Nig.

Svi su se odmarali - Buck, Thornton, Skeet i Nig.

Esperaron la balsa que los llevaría a Dawson.

Čekali su splav koja će ih odvesti do Dawsona.

Skeet era un pequeño setter irlandés que se hizo amigo de Buck.

Skeet je bio mali irski seter koji se sprijateljio s Buckom.

Buck estaba demasiado débil y enfermo para resistirse a ella en su primer encuentro.

Buck je bio preslab i bolestan da bi joj se odupro pri njihovom prvom susretu.

Skeet tenía el rasgo de sanador que algunos perros poseen naturalmente.

Skeet je imao osobinu iscjelitelja koju neki psi prirodno posjeduju.

Como una gata madre, lamió y limpió las heridas abiertas de Buck.

Poput majke mačke, lizala je i čistila Buckove otvorene rane.

Todas las mañanas, después del desayuno, repetía su minucioso trabajo.

Svako jutro nakon doručka ponavljala je svoj pažljivi rad.

Buck llegó a esperar su ayuda tanto como la de Thornton.

Buck je očekivao njezinu pomoć koliko i Thorntonovu.

Nig también era amigable, pero menos abierto y menos cariñoso.

Nig je također bio prijateljski nastrojen, ali manje otvoren i manje privržen.

Nig era un perro grande y negro, mitad sabueso y mitad lebrel.

Nig je bio veliki crni pas, dijelom krvoslednik, a dijelom jelenski hrt.

Tenía ojos sonrientes y un espíritu bondadoso sin límites.

Imao je nasmijane oči i beskrajnu dobrotu u duši.

Para sorpresa de Buck, ninguno de los perros mostró celos hacia él.

Na Buckovo iznenađenje, nijedan pas nije pokazao ljubomoru prema njemu.

Tanto Skeet como Nig compartieron la amabilidad de John Thornton.

I Skeet i Nig dijelili su ljubaznost Johna Thorntona.

A medida que Buck se hacía más fuerte, lo atrajeron hacia juegos de perros tontos.

Kako je Buck postajao sve jači, namamili su ga u glupe pseće igre.

Thornton también jugaba a menudo con ellos, incapaz de resistirse a su alegría.

Thornton se također često igrao s njima, ne mogavši odoljeti njihovoj radosti.

De esta manera lúdica, Buck pasó de la enfermedad a una nueva vida.

Na ovaj razigran način, Buck je prešao iz bolesti u novi život.

El amor, el amor verdadero, ardiente y apasionado, finalmente era suyo.

Ljubav - istinska, goruća i strastvena ljubav - napokon je bila njegova.

Nunca había conocido ese tipo de amor en la finca de Miller.

Nikada nije upoznao ovakvu ljubav na Millerovom imanju.

Con los hijos del Juez había compartido trabajo y aventuras.

Sa sučevim sinovima dijelio je posao i avanturu.

En los nietos vio un orgullo rígido y jactancioso.

Kod unuka je vidio ukočen i hvalisav ponos.

Con el propio juez Miller mantuvo una amistad respetuosa.

Sa samim sucem Millerom imao je prijateljstvo puno poštovanja.

Pero el amor que era fuego, locura y adoración llegó con Thornton.

Ali ljubav koja je bila vatra, ludilo i obožavanje došla je s Thorntonom.

Este hombre había salvado la vida de Buck, y eso solo significaba mucho.

Ovaj čovjek je spasio Buckov život, i samo to je mnogo značilo.

Pero más que eso, John Thornton era el tipo de maestro ideal.

Ali više od toga, John Thornton bio je idealan tip učitelja.

Otros hombres cuidaban perros por obligación o necesidad laboral.

Drugi su se muškarci brinuli za pse iz dužnosti ili poslovne nužde.

John Thornton cuidaba a sus perros como si fueran sus hijos.

John Thornton se brinuo za svoje pse kao da su mu djeca.

Él se preocupaba por ellos porque los amaba y simplemente no podía evitarlo.

Brinuo se za njih jer ih je volio i jednostavno si nije mogao pomoći.

John Thornton vio incluso más lejos de lo que la mayoría de los hombres lograron ver.

John Thornton je vidio čak i dalje nego što je većina ljudi ikada uspjela vidjeti.

Nunca se olvidó de saludarlos amablemente o decirles alguna palabra de aliento.

Nikada nije zaboravio ljubazno ih pozdraviti ili im reći koju riječ utjehe.

Le encantaba sentarse con los perros para tener largas charlas, o "gases", como él decía.

Volio je sjediti sa psima na duge razgovore, ili "nadut", kako je govorio.

Le gustaba agarrar bruscamente la cabeza de Buck entre sus fuertes manos.

Volio je grubo zgrabiti Buckovu glavu svojim snažnim rukama.

Luego apoyó su cabeza contra la de Buck y lo sacudió suavemente.

Zatim je naslonio glavu na Buckovu i nježno ga protresao.

Mientras tanto, él llamaba a Buck con nombres groseros que significaban amor para Buck.

Sve vrijeme je Bucka nazivao grubim imenima koja su za Bucka značila ljubav.

Para Buck, ese fuerte abrazo y esas palabras le trajeron una profunda alegría.

Bucku su taj grubi zagrljaj i te riječi donijeli duboku radost.

Su corazón parecía latir con fuerza de felicidad con cada movimiento.

Činilo se da mu srce pri svakom pokretu zalupava od sreće.

Cuando se levantó de un salto, su boca parecía como si se estuviera riendo.

Kad je poslije skočio, usta su mu izgledala kao da se smiju.

Sus ojos brillaban intensamente y su garganta temblaba con una alegría tácita.

Oči su mu jarko sjale, a grlo mu je drhtalo od neizrečene radosti.

Su sonrisa se detuvo en ese estado de emoción y afecto resplandeciente.

Njegov osmijeh je stajao nepomično u tom stanju emocija i blistave naklonosti.

Entonces Thornton exclamó pensativo: "¡Dios! ¡Casi puede hablar!"

Tada je Thornton zamišljeno uzviknuo: „Bože! on gotovo može govoriti!"

Buck tenía una extraña forma de expresar amor que casi causaba dolor.

Buck je imao čudan način izražavanja ljubavi koji je gotovo uzrokovao bol.

A menudo apretaba muy fuerte la mano de Thornton entre los dientes.

Često je čvrsto stiskao Thorntonovu ruku zubima.

La mordedura iba a dejar marcas profundas que permanecerían durante algún tiempo.

Ugriz će ostaviti duboke tragove koji će ostati neko vrijeme nakon toga.

Buck creía que esos juramentos eran de amor y Thornton lo sabía también.

Buck je vjerovao da su te zakletve ljubav, a Thornton je znao isto.

La mayoría de las veces, el amor de Buck se demostraba en una adoración silenciosa, casi silenciosa.

Najčešće se Buckova ljubav pokazivala u tihom, gotovo nijemom obožavanju.

Aunque se emocionaba cuando lo tocaban o le hablaban, no buscaba atención.

Iako je bio oduševljen kada bi ga se dodirnulo ili mu se govorilo, nije tražio pažnju.

Skeet empujó su nariz bajo la mano de Thornton hasta que él la acarició.

Skeet je gurnula nos pod Thorntonovu ruku dok je nije pomilovao.

Nig se acercó en silencio y apoyó su gran cabeza en la rodilla de Thornton.

Nig je tiho prišao i naslonio svoju veliku glavu na Thorntonovo koljeno.

Buck, por el contrario, se conformaba con amar desde una distancia respetuosa.

Buck je, nasuprot tome, bio zadovoljan što voli s poštovane udaljenosti.

Durante horas permaneció tendido a los pies de Thornton, alerta y observando atentamente.

Satima je ležao pred Thorntonovim nogama, budan i pomno promatrajući.

Buck estudió cada detalle del rostro de su amo y su más mínimo movimiento.

Buck je proučavao svaki detalj lica svog gospodara i najmanji pokret.

O yacía más lejos, estudiando la figura del hombre en silencio.

Ili je ležao dalje, u tišini proučavajući čovjekov oblik.

Buck observó cada pequeño movimiento, cada cambio de postura o gesto.

Buck je promatrao svaki mali pokret, svaku promjenu držanja ili geste.

Tan poderosa era esta conexión que a menudo atraía la mirada de Thornton.

Ta je veza bila toliko snažna da je često privlačila Thorntonov pogled.

Sostuvo la mirada de Buck sin palabras, pero el amor brillaba claramente a través de ella.

Sreo je Buckov pogled bez riječi, kroz koji je jasno sjala ljubav.

Durante mucho tiempo después de ser salvado, Buck nunca perdió de vista a Thornton.

Dugo nakon što je spašen, Buck nije ispuštao Thorntona iz vida.

Cada vez que Thornton salía de la tienda, Buck lo seguía de cerca afuera.

Kad god bi Thornton napustio šator, Buck bi ga pomno slijedio van.

Todos los amos severos de las Tierras del Norte habían hecho que Buck tuviera miedo de confiar.

Svi strogi gospodari na Sjeveru su Bucka uplašili da povjeruje.

Temía que ningún hombre pudiera seguir siendo su amo durante más de un corto tiempo.

Bojao se da nitko ne može ostati njegov gospodar dulje od kratkog vremena.

Temía que John Thornton desapareciera como Perrault y François.

Bojao se da će John Thornton nestati poput Perraulta i Françoisa.

Incluso por la noche, el miedo a perderlo acechaba el sueño inquieto de Buck.

Čak i noću, strah od gubitka njega proganjao je Buckov nemiran san.

Cuando Buck se despertó, salió a escondidas al frío y fue a la tienda de campaña.

Kad se Buck probudio, iskrao se na hladnoću i otišao do šatora.

Escuchó atentamente el suave sonido de la respiración en su interior.

Pažljivo je osluškivao tihi zvuk disanja iznutra.

A pesar del profundo amor de Buck por John Thornton, lo salvaje siguió vivo.

Unatoč Buckovoj dubokoj ljubavi prema Johnu Thorntonu, divljina je ostala živa.

Ese instinto primitivo, despertado en el Norte, no desapareció.

Taj primitivni instinkt, probuđen na Sjeveru, nije nestao.

El amor trajo devoción, lealtad y el cálido vínculo del fuego.

Ljubav je donijela odanost, lojalnost i toplu vezu uz kamin.

Pero Buck también mantuvo sus instintos salvajes, agudos y siempre alerta.

Ali Buck je također zadržao svoje divlje instinkte, oštre i uvijek budne.

No era sólo una mascota domesticada de las suaves tierras de la civilización.

Nije bio samo pripitomljeni ljubimac iz mekih krajeva civilizacije.

Buck era un ser salvaje que había venido a sentarse junto al fuego de Thornton.

Buck je bio divlje biće koje je došlo sjesti kraj Thorntonove vatre.

Parecía un perro del Sur, pero en su interior vivía lo salvaje.

Izgledao je kao pas iz Južnja, ali u njemu je živjela divljina.

Su amor por Thornton era demasiado grande como para permitirle robarle algo.

Njegova ljubav prema Thorntonu bila je prevelika da bi dopustio krađu od njega.

Pero en cualquier otro campamento, robaría con valentía y sin pausa.

Ali u bilo kojem drugom taboru, krao bi hrabro i bez zastoja.

Era tan astuto al robar que nadie podía atraparlo ni acusarlo.

Bio je toliko spretan u krađi da ga nitko nije mogao uhvatiti niti optužiti.

Su rostro y su cuerpo estaban cubiertos de cicatrices de muchas peleas pasadas.

Lice i tijelo bili su mu prekriveni ožiljcima od mnogih prošlih borbi.

Buck seguía luchando con fiereza, pero ahora luchaba con más astucia.

Buck se i dalje žestoko borio, ali sada se borio s više lukavstva.

Skeet y Nig eran demasiado amables para pelear, y eran de Thornton.

Skeet i Nig bili su previše nježni za borbu, a bili su Thorntonovi.

Pero cualquier perro extraño, por fuerte o valiente que fuese, cedía.

Ali svaki čudan pas, bez obzira koliko bio snažan ili hrabar, popustio je.

De lo contrario, el perro se encontraría luchando contra Buck; luchando por su vida.

Inače, pas se našao u borbi s Buckom; boreći se za svoj život.

Buck no tuvo piedad una vez que decidió pelear contra otro perro.

Buck nije imao milosti kad se odlučio boriti protiv drugog psa.

Había aprendido bien la ley del garrote y el colmillo en las Tierras del Norte.

Dobro je naučio zakon toljage i očnjaka na Sjeveru.

Él nunca renunció a una ventaja y nunca se retractó de la batalla.

Nikada nije ispustio prednost i nikada nije odustao od bitke.

Había estudiado a los Spitz y a los perros más feroces del correo y de la policía.

Proučavao je Špica i najžešće poštanske i policijske pse.

Sabía claramente que no había término medio en un combate salvaje.

Jasno je znao da u divljoj borbi nema srednjeg puta.

Él debía gobernar o ser gobernado; mostrar misericordia significaba mostrar debilidad.

Morao je vladati ili biti vladan; pokazivanje milosrđa značilo je pokazivanje slabosti.

Mercy era una desconocida en el crudo y brutal mundo de la supervivencia.

Milost je bila nepoznata u surovom i brutalnom svijetu preživljavanja.

Mostrar misericordia era visto como miedo, y el miedo conducía rápidamente a la muerte.

Pokazivanje milosrđa smatralo se strahom, a strah je brzo
vodio do smrti.

**La antigua ley era simple: matar o ser asesinado, comer o ser
comido.**

Stari zakon bio je jednostavan: ubij ili budi ubijen, pojedi ili
budi pojeden.

**Esa ley vino desde las profundidades del tiempo, y Buck la
siguió plenamente.**

Taj zakon došao je iz dubine vremena, a Buck ga se u
potpunosti pridržavao.

**Buck era mayor que su edad y el número de respiraciones
que tomaba.**

Buck je bio stariji od svojih godina i broja udaha koje je
udahnuo.

**Conectó claramente el pasado antiguo con el momento
presente.**

Jasno je povezao davnu prošlost sa sadašnjim trenutkom.

**Los ritmos profundos de las épocas lo atravesaban como
mareas.**

Duboki ritmovi stoljeća kretali su se kroz njega poput plime i
oseke.

**El tiempo latía en su sangre con la misma seguridad con la
que las estaciones movían la tierra.**

Vrijeme je pulsiralo u njegovoj krvi jednako sigurno kao što su
godišnja doba pomicala zemlju.

**Se sentó junto al fuego de Thornton, con el pecho fuerte y
los colmillos blancos.**

Sjedio je kraj Thorntonove vatre, snažnih prsa i bijelih očnjaka.

**Su largo pelaje ondeaba, pero detrás de él los espíritus de los
perros salvajes observaban.**

Njegovo dugo krzno vijorilo se, ali iza njega su promatrali
duhovi divljih pasa.

**Lobos medio y lobos completos se agitaron dentro de su
corazón y sus sentidos.**

Polubukovi i pravi vukovi komešali su se u njegovom srcu i
osjetilima.

Probaron su carne y bebieron la misma agua que él.

Kušali su njegovo meso i pili istu vodu kao i on.

Olfatearon el viento junto a él y escucharon el bosque.

Njuškali su vjetar uz njega i osluškivali šumu.

Susurraron los significados de los sonidos salvajes en la oscuridad.

Šaptali su značenja divljih zvukova u tami.

Ellos moldearon sus estados de ánimo y guiaron cada una de sus reacciones tranquilas.

Oblikovali su njegova raspoloženja i vodili svaku njegovu tihu reakciju.

Se quedaron con él mientras dormía y se convirtieron en parte de sus sueños más profundos.

Ležali su s njim dok je spavao i postajali dio njegovih dubokih snova.

Soñaron con él, más allá de él, y constituyeron su propio espíritu.

Sanjali su s njim, izvan njega, i činili su sam njegov duh.

Los espíritus de la naturaleza llamaron con tanta fuerza que Buck se sintió atraído.

Duhovi divljine zvali su tako snažno da se Buck osjećao privučeno.

Cada día, la humanidad y sus reivindicaciones se debilitaban más en el corazón de Buck.

Čovječanstvo i njegovi zahtjevi svakim su danom slabili u Buckovom srcu.

En lo profundo del bosque, un llamado extraño y emocionante estaba por surgir.

Duboko u šumi, začuo se čudan i uzbudljiv zov.

Cada vez que escuchaba el llamado, Buck sentía un impulso que no podía resistir.

Svaki put kad bi čuo poziv, Buck bi osjetio poriv kojem nije mogao odoljeti.

Él iba a alejarse del fuego y de los caminos humanos trillados.

Namjeravao se okrenuti od vatre i s utabanih ljudskih staza.

Iba a adentrarse en el bosque, avanzando sin saber por qué.

Namjeravao je zaroniti u šumu, krenuti naprijed ne znajući zašto.

Él no cuestionó esta atracción porque el llamado era profundo y poderoso.

Nije dovodio u pitanje tu privlačnost, jer je poziv bio dubok i snažan.

A menudo, alcanzaba la sombra verde y la tierra suave e intacta.

Često je dopirao do zelene sjene i meke, netaknute zemlje

Pero entonces el fuerte amor por John Thornton lo atrajo de nuevo al fuego.

Ali onda ga je snažna ljubav prema Johnu Thorntonu ponovno povukla k vatri.

Sólo John Thornton realmente pudo sostener en sus manos el corazón salvaje de Buck.

Samo je John Thornton istinski držao Buckovo divlje srce u svom stisku.

El resto de la humanidad no tenía ningún valor o significado duradero para Buck.

Ostatak čovječanstva nije imao trajnu vrijednost ili značenje za Bucka.

Los extraños podrían elogiarlo o acariciar su pelaje con manos amistosas.

Stranci bi ga mogli pohvaliti ili prijateljski pogladiti njegovo krzno.

Buck permaneció impasible y se alejó por demasiado afecto.

Buck je ostao nepokolebljiv i otišao je od prevelike naklonosti.

Hans y Pete llegaron con la balsa que habían esperado durante tanto tiempo.

Hans i Pete su stigli sa splavom koji se dugo čekao

Buck los ignoró hasta que supo que estaban cerca de Thornton.

Buck ih je ignorirao sve dok nije saznao da su blizu Thorntona.

Después de eso, los toleró, pero nunca les mostró total calidez.

Nakon toga ih je tolerirao, ali im nikada nije pokazao punu toplinu.

Él aceptaba comida o gentileza de ellos como si les estuviera haciendo un favor.

Uzimao je hranu ili ljubaznost od njih kao da im čini uslugu.

Eran como Thornton: sencillos, honestos y claros en sus pensamientos.

Bili su poput Thorntona - jednostavni, iskreni i jasnih misli.

Todos juntos viajaron al aserradero de Dawson y al gran remolino.

Svi zajedno su otputovali do Dawsonove pilane i velikog vrtloga

En su viaje aprendieron a comprender profundamente la naturaleza de Buck.

Na svom putovanju naučili su duboko razumjeti Buckovu prirodu.

No intentaron acercarse como lo habían hecho Skeet y Nig.

Nisu se pokušavali zbližiti kao što su to učinili Skeet i Nig.

Pero el amor de Buck por John Thornton solo se profundizó con el tiempo.

Ali Buckova ljubav prema Johnu Thorntonu s vremenom se samo produbljivala.

Sólo Thornton podía colocar una mochila en la espalda de Buck en el verano.

Samo je Thornton mogao ljeti staviti teret na Bucka.

Cualquiera que fuera lo que Thornton ordenaba, Buck estaba dispuesto a hacerlo a cabalidad.

Što god Thornton naredio, Buck je bio spreman u potpunosti izvršiti.

Un día, después de que dejaron Dawson hacia las cabeceras del río Tanana,

Jednog dana, nakon što su napustili Dawson i krenuli prema izvorima Tanane,

El grupo se sentó en un acantilado que caía un metro hasta el lecho rocoso desnudo.

Grupa je sjedila na litici koja se spuštala metar do gole stijene.

John Thornton se sentó cerca del borde y Buck descansó a su lado.

John Thornton sjedio je blizu ruba, a Buck se odmarao pokraj njega.

Thornton tuvo una idea repentina y llamó la atención de los hombres.

Thorntonu je iznenada sinula misao i skrenuo je pozornost muškaraca.

Señaló hacia el otro lado del abismo y le dio a Buck una única orden.

Pokazao je preko ponora i dao Bucku jednu naredbu.

—¡Salta, Buck! —dijo, extendiendo el brazo por encima del precipicio.

„Skoči, Buck!" rekao je, zamahujući rukom preko provalije.

En un momento, tuvo que agarrar a Buck, quien estaba saltando para obedecer.

U trenutku je morao zgrabiti Bucka, koji je skočio da ga posluša.

Hans y Pete corrieron hacia adelante y los pusieron a ambos a salvo.

Hans i Pete su pojurili naprijed i povukli obojicu na sigurno.

Cuando todo terminó y recuperaron el aliento, Pete habló.

Nakon što je sve završilo i nakon što su došli do daha, Pete se oglasio.

"El amor es extraño", dijo, conmocionado por la feroz devoción del perro.

„Ljubav je neobična", rekao je, potresen psećom žestokom odanošću.

Thornton meneó la cabeza y respondió con seriedad y calma.

Thornton je odmahnuo glavom i odgovorio mirnom ozbiljnošću.

"No, el amor es espléndido", dijo, "pero también terrible".

„Ne, ljubav je sjajna", rekao je, „ali i strašna."

"A veces, debo admitirlo, este tipo de amor me da miedo".

„Ponekad, moram priznati, ovakva me ljubav plaši."

Pete asintió y dijo: "Odiaría ser el hombre que te toque".

Pete je kimnuo i rekao: „Ne bih volio biti čovjek koji će te dodirnuti."

Miró a Buck mientras hablaba, serio y lleno de respeto.

Gledao je Bucka dok je govorio, ozbiljno i puno poštovanja.
—¡Py Jingo! —dijo Hans rápidamente—. Yo tampoco, señor.
„Py Jingo!" brzo reče Hans. „Ni ja, ne, gospodine."

Antes de que terminara el año, los temores de Pete se hicieron realidad en Circle City.
Prije kraja godine, Peteovi su se strahovi ostvarili u Circle Cityju.
Un hombre cruel llamado Black Burton provocó una pelea en el bar.
Okrutni čovjek po imenu Black Burton započeo je tučnjavu u baru.
Estaba enojado y malicioso, arremetiendo contra un nuevo novato.
Bio je ljut i zloban, napadao je novog pripravnika.
John Thornton entró en escena, tranquilo y afable como siempre.
John Thornton je uskočio, miran i dobrodušan kao i uvijek.
Buck yacía en un rincón, con la cabeza gacha, observando a Thornton de cerca.
Buck je ležao u kutu, pognute glave, pomno promatrajući Thorntona.
Burton atacó de repente, y su puñetazo hizo que Thornton girara.
Burton je iznenada udario, a njegov je udarac zavrtio Thorntona.
Sólo la barandilla de la barra evitó que se estrellara con fuerza contra el suelo.
Samo ga je ograda šanka spriječila da snažno padne na tlo.
Los observadores oyeron un sonido que no era un ladrido ni un aullido.
Promatrači su čuli zvuk koji nije bio lavež ili cviljenje
Un rugido profundo salió de Buck mientras se lanzaba hacia el hombre.
Duboki urlik začuo se od Bucka dok se jurnuo prema čovjeku.
Burton levantó el brazo y apenas salvó su vida.
Burton je podigao ruku i jedva spasio vlastiti život.

Buck se estrelló contra él y lo tiró al suelo.
Buck se zabio u njega i srušio ga na pod.
Buck mordió profundamente el brazo del hombre y luego se abalanzó sobre su garganta.
Buck je duboko ugrizao čovjeku ruku, a zatim se bacio na grlo.
Burton sólo pudo bloquearlo parcialmente y su cuello quedó destrozado.
Burton je mogao samo djelomično blokirati, a vrat mu je bio razderan.
Los hombres se apresuraron a entrar, con los garrotes en alto, y apartaron a Buck del hombre sangrante.
Muškarci su uletjeli unutra s podignutim palicama i otjerali Bucka s krvavog čovjeka.
Un cirujano trabajó rápidamente para detener la fuga de sangre.
Kirurg je brzo djelovao kako bi zaustavio krvarenje.
Buck caminaba de un lado a otro y gruñía, intentando atacar una y otra vez.
Buck je koračao i režao, pokušavajući napasti iznova i iznova.
Sólo los golpes con los palos le impidieron llegar hasta Burton.
Samo su ga palice za zamahivanje spriječile da dođe do Burtona.
Allí mismo se convocó y celebró una asamblea de mineros.
Sastanak rudara je sazvan i održan odmah na licu mjesta.
Estuvieron de acuerdo en que Buck había sido provocado y votaron por liberarlo.
Složili su se da je Buck bio isprovociran i glasali su za njegovo oslobađanje.
Pero el feroz nombre de Buck ahora resonaba en todos los campamentos de Alaska.
Ali Buckovo žestoko ime sada je odjekivalo u svakom logoru na Aljasci.
Más tarde ese otoño, Buck salvó a Thornton nuevamente de una nueva manera.
Kasnije te jeseni, Buck je ponovno spasio Thorntona na novi način.

Los tres hombres guiaban un bote largo por rápidos agitados.

Trojica muškaraca vodila su dugi čamac niz nemirne brzake.

Thornton tripulaba el bote, gritando instrucciones para llegar a la costa.

Thornton je upravljao čamcem, dozivajući upute za dolazak do obale.

Hans y Pete corrieron por la tierra, sosteniendo una cuerda de árbol a árbol.

Hans i Pete trčali su po kopnu, držeći uže od drveta do drveta.

Buck seguía el ritmo en la orilla, siempre observando a su amo.

Buck je držao korak na obali, neprestano promatrajući svog gospodara.

En un lugar desagradable, las rocas sobresalían bajo el agua rápida.

Na jednom gadnom mjestu, stijene su stršile ispod brze vode.

Hans soltó la cuerda y Thornton dirigió el bote hacia otro lado.

Hans je pustio uže, a Thornton je široko upravljao čamcem.

Hans corrió para alcanzar el barco nuevamente más allá de las rocas peligrosas.

Hans je sprintom stigao do čamca, prošavši kroz opasne stijene.

El barco superó la cornisa pero se topó con una parte más fuerte de la corriente.

Čamac je prešao preko ruba, ali je udario u jači dio struje.

Hans agarró la cuerda demasiado rápido y desequilibró el barco.

Hans je prebrzo zgrabio uže i izbacio čamac iz ravnoteže.

El barco se volcó y se estrelló contra la orilla, boca abajo.

Brod se prevrnuo i udario u obalu, dnom prema gore.

Thornton fue arrojado y arrastrado hacia la parte más salvaje del agua.

Thorntona je izbacilo i odnijelo u najdivljiji dio vode.

Ningún nadador habría podido sobrevivir en esas aguas turbulentas y mortales.

Nijedan plivač ne bi mogao preživjeti u tim smrtonosnim, brzim vodama.

Buck saltó instantáneamente y persiguió a su amo río abajo.

Buck je odmah skočio i potjerao svog gospodara niz rijeku.

Después de trescientos metros, llegó por fin a Thornton.

Nakon tristo metara, napokon je stigao do Thorntona.

Thornton agarró la cola de Buck y Buck se giró hacia la orilla.

Thornton je uhvatio Bucka za rep, a Buck se okrenuo prema obali.

Nadó con todas sus fuerzas, luchando contra el arrastre salvaje del agua.

Plivao je punom snagom, boreći se s divljim otporom vode.

Se movieron río abajo más rápido de lo que podían llegar a la orilla.

Kretali su se nizvodno brže nego što su mogli stići do obale.

Más adelante, el río rugía cada vez más fuerte mientras caía en rápidos mortales.

Ispred, rijeka je sve jače hučala dok se ulijevala u smrtonosne brzake.

Las rocas cortaban el agua como los dientes de un peine enorme.

Stijene su sjekle vodu poput zubaca ogromnog češlja.

La atracción del agua cerca de la caída era salvaje e ineludible.

Povlačenje vode blizu pada bilo je divlje i neizbježno.

Thornton sabía que nunca podrían llegar a la costa a tiempo.

Thornton je znao da nikada neće moći stići na obalu na vrijeme.

Raspó una roca, se estrelló contra otra,

Grebao je po jednoj stijeni, udario o drugu,

Y entonces se estrelló contra una tercera roca, agarrándola con ambas manos.

A onda se zabio u treću stijenu, uhvativši je objema rukama.

Soltó a Buck y gritó por encima del rugido: "¡Vamos, Buck! ¡Vamos!".

Pustio je Bucka i viknuo preko buke: „Naprijed, Buck! Naprijed!"

Buck no pudo mantenerse a flote y fue arrastrado por la corriente.

Buck nije mogao ostati na površini i struja ga je odnijela.

Luchó con todas sus fuerzas, intentando girar, pero no consiguió ningún progreso.

Borio se snažno, mučeći se da se okrene, ali nije nimalo napredovao.

Entonces escuchó a Thornton repetir la orden por encima del rugido del río.

Tada je čuo Thorntona kako ponavlja naredbu preko huka rijeke.

Buck salió del agua y levantó la cabeza como para echar una última mirada.

Buck se propeo iz vode i podigao glavu kao da ga posljednji put pogleda.

Luego se giró y obedeció, nadando hacia la orilla con resolución.

zatim se okrenuo i poslušao, odlučno plivajući prema obali.

Pete y Hans lo sacaron a tierra en el último momento posible.

Pete i Hans su ga izvukli na obalu u posljednjem mogućem trenutku.

Sabían que Thornton podría aferrarse a la roca sólo por unos minutos más.

Znali su da se Thornton može držati stijene još samo nekoliko minuta.

Corrieron por la orilla hasta un lugar mucho más arriba de donde estaba colgado.

Potrčali su uz obalu do mjesta daleko iznad mjesta gdje je visio.

Ataron la cuerda del bote al cuello y los hombros de Buck con cuidado.

Pažljivo su privezali brodski konop za Buckov vrat i ramena.

La cuerda estaba ajustada pero lo suficientemente suelta para permitir la respiración y el movimiento.

Uže je bilo čvrsto pričvršćeno, ali dovoljno labavo za disanje i kretanje.

Luego lo lanzaron nuevamente al caudaloso y mortal río.

Zatim su ga ponovno bacili u brzu, smrtonosnu rijeku.

Buck nadó con valentía, pero perdió su ángulo debido a la fuerza de la corriente.

Buck je hrabro plivao, ali je promašio svoj kut u snazi struje.

Se dio cuenta demasiado tarde de que iba a dejar atrás a Thornton.

Prekasno je shvatio da će proći pored Thorntona.

Hans tiró de la cuerda con fuerza, como si Buck fuera un barco que se hundía.

Hans je čvrsto zategnuo uže, kao da je Buck prevrnuti brod.

La corriente lo arrastró hacia abajo y desapareció bajo la superficie.

Struja ga je povukla pod vodu i on je nestao ispod površine.

Su cuerpo chocó contra el banco antes de que Hans y Pete pudieran sacarlo.

Tijelo mu je udarilo u banku prije nego što su ga Hans i Pete izvukli.

Estaba medio ahogado y le sacaron el agua a golpes.

Bio je napola utopljen, a oni su mu istiskivali vodu.

Buck se puso de pie, se tambaleó y volvió a desplomarse en el suelo.

Buck je ustao, posrnuo i ponovno se srušio na tlo.

Entonces oyeron la voz de Thornton llevada débilmente por el viento.

Tada su čuli Thorntonov glas slabo nošen vjetrom.

Aunque las palabras no eran claras, sabían que estaba cerca de morir.

Iako riječi nisu bile jasne, znali su da je blizu smrti.

El sonido de la voz de Thornton golpeó a Buck como una sacudida eléctrica.

Zvuk Thorntonovog glasa pogodio je Bucka poput električnog udara.

Saltó y corrió por la orilla, regresando al punto de lanzamiento.

Skočio je i potrčao uz obalu, vraćajući se do mjesta polaska.

Nuevamente ataron la cuerda a Buck, y nuevamente entró al arroyo.

Ponovno su privezali uže za Bucka i ponovno je ušao u potok.

Esta vez nadó directo y firmemente hacia el agua que palpitaba.

Ovaj put je plivao direktno i čvrsto u brzu vodu.

Hans soltó la cuerda con firmeza mientras Pete evitaba que se enredara.

Hans je polako ispuštao uže dok ga je Pete sprječavao da se zapetlja.

Buck nadó con fuerza hasta que estuvo alineado justo encima de Thornton.

Buck je snažno plivao sve dok se nije poravnao točno iznad Thorntona.

Luego se dio la vuelta y se lanzó hacia abajo como un tren a toda velocidad.

Zatim se okrenuo i pojurio dolje poput vlaka u punoj brzini.

Thornton lo vio venir, se preparó y le rodeó el cuello con los brazos.

Thornton ga je ugledao kako dolazi, pripremio se i obgrlio ga oko vrata.

Hans ató la cuerda fuertemente alrededor de un árbol mientras ambos eran arrastrados hacia abajo.

Hans je čvrsto svezao uže oko drveta dok su obojica bili povučeni pod zemlju.

Cayeron bajo el agua y se estrellaron contra rocas y escombros del río.

Prevrtali su se pod vodom, udarajući u stijene i riječne krhotine.

En un momento Buck estaba arriba y al siguiente Thornton se levantó jadeando.

U jednom trenutku Buck je bio na vrhu, a u sljedećem Thornton se digao dahćući.

Maltratados y asfixiados, se desviaron hacia la orilla y se pusieron a salvo.

Izudarani i gušeći se, skrenuli su prema obali i sigurnosti.

Thornton recuperó el conocimiento, acostado sobre un tronco a la deriva.

Thornton se osvijestio, ležeći preko nanesenog balvana.

Hans y Pete trabajaron duro para devolverle el aliento y la vida.

Hans i Pete su naporno radili kako bi mu vratili dah i život.

Su primer pensamiento fue para Buck, que yacía inmóvil y flácido.

Prva mu je pomisao bila na Bucka, koji je ležao nepomično i mlohavo.

Nig aulló sobre el cuerpo de Buck y Skeet le lamió la cara suavemente.

Nig je zavijao nad Buckovim tijelom, a Skeet mu je nježno polizao lice.

Thornton, dolorido y magullado, examinó a Buck con manos cuidadosas.

Thornton, bolan i u modricama, pažljivo je pregledao Bucka.

Encontró tres costillas rotas, pero ninguna herida mortal en el perro.

Pronašao je tri slomljena rebra, ali nije bilo smrtonosnih rana kod psa.

"Eso lo resuelve", dijo Thornton. "Acamparemos aquí". Y así lo hicieron.

„To rješava stvar", rekao je Thornton. „Ovdje kampiramo." I kampirali su.

Se quedaron hasta que las costillas de Buck sanaron y pudo caminar nuevamente.

Ostali su dok Bucku nisu zacijelila rebra i dok ponovno nije mogao hodati.

Ese invierno, Buck realizó una hazaña que aumentó aún más su fama.

Te zime, Buck je izveo podvig koji je dodatno povećao njegovu slavu.

Fue menos heroico que salvar a Thornton, pero igual de impresionante.

Bilo je manje herojsko od spašavanja Thorntona, ali jednako impresivno.

En Dawson, los socios necesitaban suministros para un viaje lejano.

U Dawsonu su partnerima bile potrebne zalihe za daleko putovanje.

Querían viajar hacia el Este, hacia tierras vírgenes y silvestres.

Željeli su putovati na Istok, u netaknute divlje krajeve.

La escritura de Buck en el Eldorado Saloon hizo posible ese viaje.

Buckovo djelo u Eldorado Saloonu omogućilo je to putovanje.

Todo empezó con hombres alardeando de sus perros mientras bebían.

Počelo je s muškarcima koji su se hvalili svojim psima uz piće.

La fama de Buck lo convirtió en blanco de desafíos y dudas.

Buckova slava učinila ga je metom izazova i sumnji.

Thornton, orgulloso y tranquilo, se mantuvo firme en la defensa del nombre de Buck.

Thornton, ponosan i smiren, čvrsto je branio Buckovo ime.

Un hombre dijo que su perro podía levantar doscientos cincuenta kilos con facilidad.

Jedan je čovjek rekao da njegov pas može s lakoćom vući petsto kilograma.

Otro dijo seiscientos, y un tercero se jactó de setecientos.

Drugi je rekao šest stotina, a treći se hvalio sa sedam stotina.

"¡Pfft!" dijo John Thornton, "Buck puede tirar de un trineo de mil libras".

„Pfft!" rekao je John Thornton, „Buck može vući saonice od tisuću funti."

Matthewson, un Rey de Bonanza, se inclinó hacia delante y lo desafió.

Matthewson, kralj Bonanze, nagnuo se naprijed i izazvao ga.

¿Crees que puede poner tanto peso en movimiento?

„Misliš da može pokrenuti toliku težinu?"

"¿Y crees que puede tirar del peso cien yardas enteras?"

"I misliš da može povući tu težinu punih stotinu metara?"

Thornton respondió con frialdad: «Sí. Buck es lo suficientemente bueno como para hacerlo».

Thornton je hladno odgovorio: „Da. Buck je dovoljno jak da to učini."

"Pondrá mil libras en movimiento y las arrastrará cien yardas".

"Pokrenut će tisuću funti i povući ga stotinu metara."

Matthewson sonrió lentamente y se aseguró de que todos los hombres escucharan sus palabras.

Matthewson se polako nasmiješio i pobrinuo se da svi muškarci čuju njegove riječi.

Tengo mil dólares que dicen que no puede. Ahí está.

„Imam tisuću dolara u kojima piše da ne može. Eto ga."

Arrojó un saco de polvo de oro del tamaño de una salchicha sobre la barra.

Tresnuo je vrećicom zlatne prašine veličine kobasice o šank.

Nadie dijo una palabra. El silencio se hizo denso y tenso a su alrededor.

Nitko nije rekao ni riječi. Tišina je oko njih postajala sve teža i napetija.

El engaño de Thornton —si es que lo hubo— había sido tomado en serio.

Thorntonov blef - ako ga je uopće bilo - shvaćen je ozbiljno.

Sintió que el calor le subía a la cara mientras la sangre le subía a las mejillas.

Osjetio je vrućinu u licu dok mu je krv jurnula u obraze.

En ese momento su lengua se había adelantado a su razón.

U tom trenutku mu je jezik preduhitrio razum.

Realmente no sabía si Buck podría mover mil libras.

Zaista nije znao može li Buck pomaknuti tisuću funti.

¡Media tonelada! Solo su tamaño le hacía sentir un gran peso en el corazón.

Pola tone! Sama veličina mu je stezala srce.

Tenía fe en la fuerza de Buck y creía que era capaz.

Vjerovao je u Buckovu snagu i smatrao ga je sposobnim.

Pero nunca se había enfrentado a un desafío así, no de esta manera.

Ali nikada se nije suočio s ovakvim izazovom, ne ovakvim.

Una docena de hombres lo observaban en silencio, esperando ver qué haría.

Dvanaest muškaraca ga je tiho promatralo, čekajući da vide što će učiniti.

Él no tenía el dinero, ni tampoco Hans ni Pete.

Nije imao novca - ni Hans ni Pete.

"Tengo un trineo afuera", dijo Matthewson fría y directamente.

„Imam sanjke vani", rekao je Matthewson hladno i izravno.

"Está cargado con veinte sacos de cincuenta libras cada uno, todo de harina.

„Natovareno je s dvadeset vreća, svaka po pedeset funti, sve brašno."

Así que no dejen que un trineo perdido sea su excusa ahora", añadió.

"Zato nemoj dopustiti da ti nestale sanjke sada budu izgovor", dodao je.

Thornton permaneció en silencio. No sabía qué decir.

Thornton je šutio. Nije znao koje riječi da ponudi.

Miró a su alrededor los rostros sin verlos con claridad.

Promatrao je lica oko sebe, ali ih nije jasno vidio.

Parecía un hombre congelado en sus pensamientos, intentando reiniciarse.

Izgledao je kao čovjek zamrznut u mislima, pokušavajući ponovno pokrenuti stvari.

Luego vio a Jim O'Brien, un amigo de la época de Mastodon.

Tada je ugledao Jima O'Briena, prijatelja iz dana Mastodonta.

Ese rostro familiar le dio un coraje que no sabía que tenía.

To poznato lice dalo mu je hrabrost za koju nije znao da je ima.

Se giró y preguntó en voz baja: "¿Puedes prestarme mil?"

Okrenuo se i tiho upitao: „Možete li mi posuditi tisuću?"

"Claro", dijo O'Brien, dejando caer un pesado saco junto al oro.

„Naravno", rekao je O'Brien, već ispuštajući tešku vreću pokraj zlata.

"Pero la verdad, John, no creo que la bestia pueda hacer esto".

„Ali iskreno, John, ne vjerujem da zvijer može to učiniti."

Todos los que estaban en el Eldorado Saloon corrieron hacia afuera para ver el evento.

Svi u Eldorado Saloonu pojurili su van kako bi vidjeli događaj.

Abandonaron las mesas y las bebidas, e incluso los juegos se pausaron.

Napustili su stolove i pića, a čak su i igre bile pauzirane.

Comerciantes y jugadores acudieron para presenciar el final de la audaz apuesta.

Dileri i kockari došli su svjedočiti kraju smjele oklade.

Cientos de personas se reunieron alrededor del trineo en la calle helada y abierta.

Stotine ljudi okupilo se oko saonica na zaleđenoj otvorenoj ulici.

El trineo de Matthewson estaba cargado con un montón de sacos de harina.

Matthewsonove saonice stajale su pune vreća brašna.

El trineo había permanecido parado durante horas a temperaturas bajo cero.

Sanke su satima stajale na minus temperaturama.

Los patines del trineo estaban congelados y pegados a la nieve compacta.

Klizači saonica bili su čvrsto smrznuti na utabanom snijegu.

Los hombres ofrecieron dos a uno de que Buck no podría mover el trineo.

Muškarci su ponudili kvotu dva prema jedan da Buck neće moći pomaknuti saonice.

Se desató una disputa sobre lo que realmente significaba "break out".

Izbila je rasprava o tome što "izbiti" zapravo znači.

O'Brien dijo que Thornton debería aflojar la base congelada del trineo.

O'Brien je rekao da Thornton treba olabaviti smrznutu podlogu saonica.

Buck pudo entonces "escapar" de un comienzo sólido e inmóvil.

Buck je tada mogao "izbiti" iz čvrstog, nepomičnog početka.

Matthewson argumentó que el perro también debe liberar a los corredores.

Matthewson je tvrdio da pas mora osloboditi i trkače.

Los hombres que habían escuchado la apuesta estuvieron de acuerdo con la opinión de Matthewson.

Muškarci koji su čuli okladu složili su se s Matthewsonovim mišljenjem.

Con esa decisión, las probabilidades aumentaron a tres a uno en contra de Buck.

S tom presudom, izgledi su skočili na tri prema jedan protiv Bucka.

Nadie se animó a asumir las crecientes probabilidades de tres a uno.

Nitko nije istupio kako bi iskoristio rastuće izglede tri prema jedan.

Ningún hombre creyó que Buck pudiera realizar la gran hazaña.

Niti jedan čovjek nije vjerovao da Buck može izvesti taj veliki podvig.

Thornton se había apresurado a hacer la apuesta, cargado de dudas.

Thorntona su na brzinu uvukli u okladu, opterećenog sumnjama.

Ahora miró el trineo y el equipo de diez perros que estaba a su lado.

Sada je pogledao saonice i zapregu od deset pasa pokraj njih.

Ver la realidad de la tarea la hizo parecer más imposible.

Vidjeti stvarnost zadatka učinilo ga je još nemogućim.

Matthewson estaba lleno de orgullo y confianza en ese momento.

Matthewson je u tom trenutku bio pun ponosa i samopouzdanja.

—¡Tres a uno! —gritó—. ¡Apuesto mil más, Thornton!

„Tri prema jedan!" viknuo je. „Kladim se na još tisuću, Thorntone!"

"¿Qué dices?" añadió lo suficientemente alto para que todos lo oyeran.

„Što kažeš?" dodao je dovoljno glasno da ga svi čuju.

El rostro de Thornton mostraba sus dudas, pero su ánimo se había elevado.

Thorntonovo lice odavalo je sumnje, ali mu se duh uzdigao.

Ese espíritu de lucha ignoraba las probabilidades y no temía a nada en absoluto.

Taj borbeni duh ignorirao je izgleda i nije se ničega bojao.

Llamó a Hans y Pete para que trajeran todo su dinero a la mesa.

Nazvao je Hansa i Petea da donesu sav svoj novac na stol.

Les quedaba poco: sólo doscientos dólares en total.

Malo im je ostalo - samo dvjesto dolara zajedno.

Esta pequeña suma constituía su fortuna total en tiempos difíciles.

Taj mali iznos bio je njihovo ukupno bogatstvo tijekom teških vremena.

Aún así, apostaron toda su fortuna contra la apuesta de Matthewson.

Ipak, uložili su svo bogatstvo protiv Matthewsonove oklade.

El equipo de diez perros fue desenganchado y se alejó del trineo.

Zaprega od deset pasa bila je otkačena i udaljila se od saonica.

Buck fue colocado en las riendas, vistiendo su arnés familiar.

Buck je stavljen na uzde, noseći svoju poznatu ormu.

Había captado la energía de la multitud y sentía la tensión.

Osjetio je energiju gomile i napetost.

De alguna manera, sabía que tenía que hacer algo por John Thornton.

Nekako je znao da mora nešto učiniti za Johna Thorntona.

La gente murmuraba con admiración ante la orgullosa figura del perro.

Ljudi su s divljenjem mrmljali na ponosnu pseću figuru.

Era delgado y fuerte, sin un solo gramo de carne extra.

Bio je mršav i snažan, bez ijednog dodatnog gramića mesa.

Su peso total de ciento cincuenta libras era todo potencia y resistencia.

Njegova puna težina od sto pedeset funti sastojala se od snage i izdržljivosti.

El pelaje de Buck brillaba como la seda, espeso y saludable.

Buckov kaput blistao je poput svile, gust od zdravlja i snage.

El pelaje a lo largo de su cuello y hombros pareció levantarse y erizarse.

Krzno uz njegov vrat i ramena kao da se podiglo i nakostriješilo.

Su melena se movía levemente, cada cabello vivo con su gran energía.

Griva mu se lagano pomicala, svaka vlas živjela je od njegove velike energije.

Su pecho ancho y sus piernas fuertes hacían juego con su cuerpo pesado y duro.

Njegova široka prsa i snažne noge odgovarale su njegovoj teškoj, žilavoj građi.

Los músculos se ondulaban bajo su abrigo, tensos y firmes como hierro.

Mišići su mu se mreškali pod kaputom, napeti i čvrsti poput okovanog željeza.

Los hombres lo tocaron y juraron que estaba construido como una máquina de acero.

Muškarci su ga dodirivali i kleli se da je građen poput čeličnog stroja.

Las probabilidades bajaron levemente a dos a uno contra el gran perro.

Izgledi su se neznatno smanjili na dva prema jedan protiv velikog psa.

Un hombre de los bancos Skookum se adelantó, tartamudeando.

Čovjek sa Skookumovih klupa progurao se naprijed, mucajući.

—¡Bien, señor! ¡Ofrezco ochocientas libras por él, antes del examen, señor!

„Dobro, gospodine! Nudim osamsto za njega - prije ispita, gospodine!"

"¡Ochocientos, tal como está ahora mismo!" insistió el hombre.

„Osamsto, koliko sada stoji!" inzistirao je čovjek.

Thornton dio un paso adelante, sonrió y meneó la cabeza con calma.

Thornton je istupio naprijed, nasmiješio se i mirno odmahnuo glavom.

Matthewson intervino rápidamente con una voz de advertencia y el ceño fruncido.

Matthewson se brzo umiješao upozoravajućim glasom i namrštio se.

—Debes alejarte de él —dijo—. Dale espacio.

„Moraš se odmaknuti od njega", rekao je. „Daj mu prostora."

La multitud quedó en silencio; sólo los jugadores seguían ofreciendo dos a uno.

Gomila je utihnula; samo su kockari još uvijek nudili dva prema jedan.

Todos admiraban la complexión de Buck, pero la carga parecía demasiado grande.

Svi su se divili Buckovoj građi, ali teret je izgledao prevelik.

Veinte sacos de harina, cada uno de cincuenta libras de peso, parecían demasiados.

Dvadeset vreća brašna - svaka teška pedeset funti - činilo se previše.

Nadie estaba dispuesto a abrir su bolsa y arriesgar su dinero.

Nitko nije bio spreman otvoriti vrećicu i riskirati svoj novac.

Thornton se arrodilló junto a Buck y tomó su cabeza con ambas manos.

Thornton je kleknuo pokraj Bucka i uhvatio mu glavu objema rukama.

Presionó su mejilla contra la de Buck y le habló al oído.

Prislonio je obraz uz Buckov i progovorio mu na uho.

Ya no había apretones juguetones ni susurros de insultos amorosos.

Više nije bilo razigranog tresenja niti šaputanja ljubavnih uvreda.

Él sólo murmuró suavemente: "Tanto como me amas, Buck".

Samo je tiho promrmljao: „Koliko god me voliš, Buck."

Buck dejó escapar un gemido silencioso, su entusiasmo apenas fue contenido.

Buck je ispustio tihi jauk, jedva obuzdavajući nestrpljenje.

Los espectadores observaron con curiosidad cómo la tensión llenaba el aire.

Promatrači su sa znatiželjom promatrali kako napetost ispunjava zrak.

El momento parecía casi irreal, como algo más allá de la razón.

Trenutak se činio gotovo nestvarnim, kao nešto izvan razuma.

Cuando Thornton se puso de pie, Buck tomó suavemente su mano entre sus mandíbulas.

Kad je Thornton ustao, Buck mu je nježno uhvatio ruku za čeljust.

Presionó con los dientes y luego lo soltó lenta y suavemente.

Pritisnuo je zubima, a zatim polako i nježno pustio.

Fue una respuesta silenciosa de amor, no dicha, pero entendida.

Bio je to tihi odgovor ljubavi, ne izgovoren, već shvaćen.

Thornton se alejó bastante del perro y dio la señal.

Thornton se odmaknuo daleko od psa i dao znak.

—Ahora, Buck —dijo, y Buck respondió con calma y concentración.

„Dakle, Buck", rekao je, a Buck je odgovorio usredotočenim mirom.

Buck apretó las correas y luego las aflojó unos centímetros.

Buck je zategnuo tračnice, a zatim ih olabavio za nekoliko centimetara.

Éste era el método que había aprendido; su manera de romper el trineo.

To je bila metoda koju je naučio; njegov način da razbije saonice.

—¡Caramba! —gritó Thornton con voz aguda en el pesado silencio.

„Bože!" viknuo je Thornton oštrim glasom u teškoj tišini.

Buck giró hacia la derecha y se lanzó con todo su peso.

Buck se okrenuo udesno i skočio svom svojom težinom.

La holgura desapareció y la masa total de Buck golpeó las cuerdas apretadas.

Opuštenost je nestala, a Buckova puna masa udarila je u uske tračnice.

El trineo tembló y los patines produjeron un crujido crujiente.

Sanke su se tresle, a klizači su ispuštali oštar pucketavi zvuk.

—¡Ja! —ordenó Thornton, cambiando nuevamente la dirección de Buck.

„Haw!" zapovjedi Thornton, ponovno mijenjajući Buckov smjer.

Buck repitió el movimiento, esta vez tirando bruscamente hacia la izquierda.

Buck je ponovio pokret, ovaj put oštro povukavši ulijevo.

El trineo crujió más fuerte y los patines crujieron y se movieron.

Sanke su pucketale glasnije, klizači su pucketali i pomicali se.

La pesada carga se deslizó ligeramente hacia un lado sobre la nieve congelada.

Teški teret klizio je lagano postrance preko smrznutog snijega.

¡El trineo se había soltado del sendero helado!

Sanke su se oslobodile stiska zaleđene staze!

Los hombres contenían la respiración, sin darse cuenta de que ni siquiera estaban respirando.

Muškarci su zadržavali dah, nesvjesni da čak ni ne dišu.

—¡Ahora, TIRA! —gritó Thornton a través del silencio helado.

„Sada, POVUCI!" viknuo je Thornton kroz ledenu tišinu.

La orden de Thornton sonó aguda, como el chasquido de un látigo.

Thorntonova naredba odjeknula je oštro, poput udarca bičem.

Buck se lanzó hacia adelante con una estocada feroz y estremecedora.

Buck se bacio naprijed žestokim i udarnim iskorakom.

Todo su cuerpo se tensó y se arrugó por la enorme tensión.

Cijelo mu se tijelo napelo i zgrčilo od ogromnog napora.

Los músculos se ondulaban bajo su pelaje como serpientes que cobraban vida.

Mišići su mu se mreškali pod krznom poput zmija koje oživljavaju.

Su gran pecho estaba bajo y la cabeza estirada hacia delante, hacia el trineo.

Njegova velika prsa bila su niska, glava ispružena prema saonicama.

Sus patas se movían como un rayo y sus garras cortaban el suelo helado.

Šape su mu se kretale poput munje, kandže su sijekle smrznuto tlo.

Los surcos se abrieron profundos mientras luchaba por cada centímetro de tracción.

Utori su bili duboki dok se borio za svaki centimetar prianjanja.

El trineo se balanceó, tembló y comenzó un movimiento lento e inquieto.

Sanke su se zaljuljale, zadrhtale i započele sporo, nemirno kretanje.

Un pie resbaló y un hombre entre la multitud gimió en voz alta.

Jedna noga je poskliznula, a čovjek u gomili je glasno zastenjao.

Entonces el trineo se lanzó hacia adelante con un movimiento brusco y espasmódico.

Zatim su saonice krenule naprijed trzavim, grubim pokretom.

No se detuvo de nuevo: media pulgada... una pulgada... dos pulgadas más.

Nije se opet zaustavilo - pola centimetra... centimetar... dva centimetra više.

Los tirones se hicieron más pequeños a medida que el trineo empezó a ganar velocidad.

Trzaji su postajali sve manji kako su saonice počele ubrzavati.

Pronto Buck estaba tirando con una potencia suave, uniforme y rodante.

Ubrzo je Buck vukao glatkom, ravnomjernom, kotrljajućom snagom.

Los hombres jadearon y finalmente recordaron respirar de nuevo.

Muškarci su uzdahnuli i konačno se sjetili ponovno disati.

No se habían dado cuenta de que su respiración se había detenido por el asombro.

Nisu primijetili da im je od strahopoštovanja zastao dah.

Thornton corrió detrás, gritando órdenes breves y alegres.

Thornton je trčao iza, vičući kratke, vesele naredbe.

Más adelante había una pila de leña que marcaba la distancia.

Ispred je bila hrpa drva za ogrjev koja je označavala udaljenost.

A medida que Buck se acercaba a la pila, los vítores se hacían cada vez más fuertes.

Kako se Buck približavao hrpi, navijanje je postajalo sve glasnije i glasnije.

Los aplausos aumentaron hasta convertirse en un rugido cuando Buck pasó el punto final.

Navijanje se pretvorilo u urlik dok je Buck prolazio krajnju točku.

Los hombres saltaron y gritaron, incluso Matthewson sonrió.

Muškarci su skakali i vikali, čak se i Matthewson nasmiješio.

Los sombreros volaron por el aire y los guantes fueron arrojados sin pensar ni rumbo.

Šeširi su letjeli u zrak, rukavice su bacane bez razmišljanja i cilja.

Los hombres se abrazaron y se dieron la mano sin saber a quién.

Muškarci su se uhvatili i rukovali ne znajući s kim.

Toda la multitud vibró en una celebración salvaje y alegre.

Cijela je gomila brujala u divljem, radosnom slavlju.

Thornton cayó de rodillas junto a Buck con manos temblorosas.

Thornton je drhtavim rukama pao na koljena pokraj Bucka.

Apretó su cabeza contra la de Buck y lo sacudió suavemente hacia adelante y hacia atrás.

Pritisnuo je glavu uz Buckovu i nježno ga protresao naprijed-natrag.

Los que se acercaron le oyeron maldecir al perro con silencioso amor.

Oni koji su se približavali čuli su ga kako s tihom ljubavlju proklinje psa.

Maldijo a Buck durante un largo rato, suavemente, cálidamente, con emoción.

Dugo je psovao Bucka - tiho, toplo, s emocijama.

—¡Bien, señor! ¡Bien, señor! —gritó el rey del Banco Skookum a toda prisa.

„Dobro, gospodine! Dobro, gospodine!" povikao je kralj Skookumske klupe u žurbi.

—¡Le daré mil, no, mil doscientos, por ese perro, señor!

„Dat ću vam tisuću — ne, tisuću i dvijesto — za tog psa, gospodine!"

Thornton se puso de pie lentamente, con los ojos brillantes de emoción.

Thornton se polako ustao, a oči su mu sjale od emocija.

Las lágrimas corrían abiertamente por sus mejillas sin ninguna vergüenza.

Suze su mu otvoreno tekle niz obraze bez ikakvog srama.

"Señor", le dijo al rey del Banco Skookum, firme y firme.

„Gospodine", rekao je kralju klupe Skookum, mirno i čvrsto

—No, señor. Puede irse al infierno, señor. Esa es mi última respuesta.

„Ne, gospodine. Možete ići dovraga, gospodine. To je moj konačni odgovor."

Buck agarró suavemente la mano de Thornton con sus fuertes mandíbulas.

Buck je nježno uhvatio Thorntonovu ruku svojim snažnim čeljustima.

Thornton lo sacudió juguetonamente; su vínculo era más profundo que nunca.

Thornton ga je razigrano protresao, njihova veza duboka kao i uvijek.

La multitud, conmovida por el momento, retrocedió en silencio.

Gomila, dirnuta trenutkom, povukla se u tišini.

Desde entonces nadie se atrevió a interrumpir tan sagrado afecto.

Od tada se nitko nije usudio prekinuti takvu svetu naklonost.

El sonido de la llamada
Zvuk poziva

Buck había ganado mil seiscientos dólares en cinco minutos.
Buck je zaradio tisuću i šest stotina dolara u pet minuta.
El dinero permitió a John Thornton pagar algunas de sus deudas.
Novac je omogućio Johnu Thorntonu da otplati dio svojih dugova.
Con el resto del dinero se dirigió al Este con sus socios.
S ostatkom novca krenuo je na Istok sa svojim partnerima.
Buscaban una legendaria mina perdida, tan antigua como el país mismo.
Tražili su legendarni izgubljeni rudnik, star kao i sama zemlja.
Muchos hombres habían buscado la mina, pero pocos la habían encontrado.
Mnogi su ljudi tražili rudnik, ali malo ih je ikada pronašlo.
Más de unos pocos hombres habían desaparecido durante la peligrosa búsqueda.
Više od nekoliko muškaraca je nestalo tijekom opasne potrage.
Esta mina perdida estaba envuelta en misterio y vieja tragedia.
Ovaj izgubljeni rudnik bio je obavijen i misterijom i starom tragedijom.
Nadie sabía quién había sido el primer hombre que encontró la mina.
Nitko nije znao tko je bio prvi čovjek koji je pronašao rudnik.
Las historias más antiguas no mencionan a nadie por su nombre.
Najstarije priče ne spominju nikoga po imenu.
Siempre había habido allí una antigua y destartalada cabaña.
Ondje je oduvijek bila jedna stara, trošna koliba.
Los hombres moribundos habían jurado que había una mina al lado de aquella vieja cabaña.
Umirući ljudi su se kleli da se pored te stare kolibe nalazi rudnik.

Probaron sus historias con oro como ningún otro en ningún otro lugar.

Svoje su priče dokazali zlatom kakvo se nigdje drugdje ne može naći.

Ningún alma viviente había jamás saqueado el tesoro de aquel lugar.

Nitko živ nikada nije opljačkao blago s tog mjesta.

Los muertos estaban muertos, y los muertos no cuentan historias.

Mrtvi su bili mrtvi, a mrtvi ljudi ne pričaju priče.

Entonces Thornton y sus amigos se dirigieron al Este.

Tako su se Thornton i njegovi prijatelji uputili na Istok.

Pete y Hans se unieron, trayendo a Buck y seis perros fuertes.

Pete i Hans su se pridružili, dovodeći Bucka i šest snažnih pasa.

Se embarcaron en un camino desconocido donde otros habían fracasado.

Krenuli su nepoznatim putem gdje su drugi podbacili.

Se deslizaron en trineo setenta millas por el congelado río Yukón.

Sankali su se sedamdeset milja uz zaleđenu rijeku Yukon.

Giraron a la izquierda y siguieron el sendero hacia Stewart.

Skrenuli su lijevo i slijedili stazu u Stewart.

Pasaron Mayo y McQuestion y siguieron adelante.

Prošli su pokraj Mayoa i McQuestiona, nastavljajući dalje.

El río Stewart se encogió y se convirtió en un arroyo, atravesando picos irregulares.

Stewart se smanjio u potok, provlačeći se preko nazubljenih vrhova.

Estos picos afilados marcaban la columna vertebral del continente.

Ovi oštri vrhovi označavali su samu kralježnicu kontinenta.

John Thornton exigía poco a los hombres y a la tierra salvaje.

John Thornton je malo tražio od ljudi ili divljine.

No temía a nada de la naturaleza y se enfrentaba a lo salvaje con facilidad.

Nije se bojao ničega u prirodi i s lakoćom se suočavao s divljinom.

Con sólo sal y un rifle, podría viajar a donde quisiera.

Samo sa soli i puškom mogao je putovati kamo god je želio.

Al igual que los nativos, cazaba alimentos mientras viajaba.

Poput domorodaca, lovio je hranu dok je putovao.

Si no pescaba nada, seguía adelante, confiando en que la suerte le acompañaría.

Ako ništa ne bi ulovio, nastavio bi dalje, uzdajući se u sreću.

En este largo viaje, la carne era lo principal que comían.

Na ovom dugom putovanju, meso je bila glavna hrana koju su jeli.

El trineo contenía herramientas y municiones, pero no un horario estricto.

Sanke su sadržavale alat i streljivo, ali nije bilo strogog rasporeda.

A Buck le encantaba este vagabundeo, la caza y la pesca interminables.

Buck je volio ovo lutanje; beskrajni lov i ribolov.

Durante semanas estuvieron viajando día tras día.

Tjednima su putovali dan za danom.

Otras veces montaban campamentos y permanecían allí durante semanas.

Drugi put su pravili logore i ostajali nepomično tjednima.

Los perros descansaron mientras los hombres cavaban en la tierra congelada.

Psi su se odmarali dok su muškarci kopali po smrznutoj zemlji.

Calentaron sartenes sobre el fuego y buscaron oro escondido.

Grijali su tave na vatri i tražili skriveno zlato.

Algunos días pasaban hambre y otros días tenían fiestas.

Nekih su dana gladovali, a nekih su dana imali gozbe.

Sus comidas dependían de la presa y de la suerte de la caza.

Njihovi obroci ovisili su o divljači i sreći u lovu.

Cuando llegaba el verano, los hombres y los perros cargaban cargas sobre sus espaldas.

Kad je došlo ljeto, muškarci i psi su natovarili terete na leđa.

Navegaron por lagos azules escondidos en bosques de montaña.

Splavarili su preko plavih jezera skrivenih u planinskim šumama.

Navegaban en delgadas embarcaciones por ríos que ningún hombre había cartografiado jamás.

Plovili su uskim čamcima rijekama koje nitko nikada nije mapirao.

Esos barcos se construyeron a partir de árboles que cortaban en la naturaleza.

Ti su brodovi bili izgrađeni od drveća koje su pilili u divljini.

Los meses pasaron y ellos serpentearon por tierras salvajes y desconocidas.

Mjeseci su prolazili, a oni su se vijugali kroz divlje nepoznate krajeve.

No había hombres allí, aunque había rastros antiguos que indicaban que había habido hombres.

Nije bilo muškaraca tamo, ali stari tragovi su nagovještavali da su muškarci bili tamo.

Si la Cabaña Perdida fue real, entonces otras personas habían pasado por allí alguna vez.

Ako je Izgubljena koliba bila stvarna, onda su i drugi nekoć prolazili ovuda.

Cruzaron pasos altos en medio de tormentas de nieve, incluso en verano.

Prelazili su visoke prijevoje u mećavama, čak i ljeti.

Temblaban bajo el sol de medianoche en las laderas desnudas de las montañas.

Drhtali su pod ponoćnim suncem na golim planinskim obroncima.

Entre la línea de árboles y los campos de nieve, subieron lentamente.

Između ruba drveća i snježnih polja, polako su se penjali.

En los valles cálidos, aplastaban nubes de mosquitos y moscas.

U toplim dolinama, udarali su po oblacima komaraca i muha.

Recogieron bayas dulces cerca de los glaciares en plena floración del verano.

Brali su slatke bobice blizu ledenjaka u punom ljetnom cvatu.

Las flores que encontraron eran tan hermosas como las de las Tierras del Sur.

Cvijeće koje su pronašli bilo je jednako lijepo kao ono u Južnoj zemlji.

Ese otoño llegaron a una región solitaria llena de lagos silenciosos.

Te jeseni stigli su u usamljenu regiju ispunjenu tihim jezerima.

La tierra estaba triste y vacía, una vez llena de pájaros y bestias.

Zemlja je bila tužna i pusta, nekada živjela pticama i zvijerima.

Ahora no había vida, sólo el viento y el hielo formándose en charcos.

Sada nije bilo života, samo vjetar i led koji se stvarao u lokvama.

Las olas golpeaban las orillas vacías con un sonido suave y triste.

Valovi su udarali o prazne obale tihim, tužnim zvukom.

Llegó otro invierno y volvieron a seguir los viejos y tenues senderos.

Došla je još jedna zima i opet su slijedili slabe, stare tragove.

Éstos eran los rastros de hombres que habían buscado mucho antes que ellos.

To su bili tragovi ljudi koji su tražili davno prije njih.

Un día encontraron un camino que se adentraba profundamente en el bosque oscuro.

Jednom su pronašli stazu usječenu duboko u mračnu šumu.

Era un sendero antiguo y sintieron que la cabaña perdida estaba cerca.

Bila je to stara staza, i osjećali su da je izgubljena koliba blizu.

Pero el sendero no conducía a ninguna parte y se perdía en el espeso bosque.

Ali staza nije vodila nikamo i gubila se u gustoj šumi.

Nadie sabe quién hizo el sendero ni por qué lo hizo.
Tko god je napravio stazu i zašto ju je napravio, nitko nije znao.

Más tarde encontraron los restos de una cabaña escondidos entre los árboles.
Kasnije su pronašli ruševine kolibe skrivene među drvećem.

Mantas podridas yacían esparcidas donde alguna vez alguien había dormido.
Trule deke ležale su razbacane tamo gdje je netko nekoć spavao.

John Thornton encontró una pistola de chispa de cañón largo enterrada en el interior.
John Thornton je unutra pronašao zakopanu kremenu pušku s dugom cijevi.

Sabía que se trataba de un cañón de la Bahía de Hudson desde los primeros días de su comercialización.
Znao je da je ovo top iz Hudsonovog zaljeva još iz ranih trgovačkih dana.

En aquella época, estas armas se intercambiaban por montones de pieles de castor.
U to vrijeme takve su se puške mijenjale za hrpe dabrovih koža.

Eso fue todo: no quedó ninguna pista del hombre que construyó el albergue.
To je bilo sve - nije ostao nikakav trag o čovjeku koji je sagradio kolibu.

Llegó nuevamente la primavera y no encontraron ninguna señal de la Cabaña Perdida.
Proljeće je ponovno došlo, a nisu pronašli ni traga Izgubljenoj kolibi.

En lugar de eso encontraron un valle amplio con un arroyo poco profundo.
Umjesto toga pronašli su široku dolinu s plitkim potokom.

El oro se extendía sobre el fondo de las sartenes como mantequilla suave y amarilla.
Zlato je ležalo na dnu tave poput glatkog, žutog maslaca.

Se detuvieron allí y no buscaron más la cabaña.
Zaustavili su se tamo i nisu dalje tražili kolibu.
Cada día trabajaban y encontraban miles en polvo de oro.
Svaki dan su radili i pronalazili tisuće u zlatnoj prašini.
Empaquetaron el oro en bolsas de piel de alce, de cincuenta libras cada una.
Zlato su pakirali u vreće od losove kože, svaku po pedeset funti.
Las bolsas estaban apiladas como leña afuera de su pequeña cabaña.
Vreće su bile naslagane poput drva za ogrjev ispred njihove male kolibe.
Trabajaron como gigantes y los días pasaban como sueños rápidos.
Radili su kao divovi, a dani su prolazili poput brzih snova.
Acumularon tesoros a medida que los días interminables transcurrían rápidamente.
Gomilali su blago dok su beskrajni dani brzo prolazili.
Los perros no tenían mucho que hacer excepto transportar carne de vez en cuando.
Psi nisu imali puno posla osim što su s vremena na vrijeme nosili meso.
Thornton cazó y mató el animal, y Buck se quedó tendido junto al fuego.
Thornton je lovio i ubijao divljač, a Buck je ležao kraj vatre.
Pasó largas horas en silencio, perdido en sus pensamientos y recuerdos.
Provodio je duge sate u tišini, izgubljen u mislima i sjećanjima.
La imagen del hombre peludo venía cada vez más a la mente de Buck.
Slika dlakavog čovjeka sve se češće pojavljivala u Buckovim mislima.
Ahora que el trabajo escaseaba, Buck soñaba mientras parpadeaba ante el fuego.
Sad kad je posla bilo malo, Buck je sanjario trepćući prema vatri.
En esos sueños, Buck vagaba con el hombre en otro mundo.

U tim snovima, Buck je lutao s čovjekom u drugom svijetu.

El miedo parecía el sentimiento más fuerte en ese mundo distante.

Strah se činio najjačim osjećajem u tom dalekom svijetu.

Buck vio al hombre peludo dormir con la cabeza gacha.

Buck je vidio dlakavog čovjeka kako spava nisko pognute glave.

Tenía las manos entrelazadas y su sueño era inquieto y entrecortado.

Ruke su mu bile stisnute, a san nemiran i isprekidan.

Solía despertarse sobresaltado y mirar con miedo hacia la oscuridad.

Znao se naglo probuditi i prestrašeno zuriti u tamu.

Luego echaba más leña al fuego para mantener la llama brillante.

Zatim bi bacao još drva na vatru kako bi plamen održao jakim.

A veces caminaban por una playa junto a un mar gris e interminable.

Ponekad su šetali plažom uz sivo, beskrajno more.

El hombre peludo recogía mariscos y los comía mientras caminaba.

Dlakavi čovjek je brao školjke i jeo ih dok je hodao.

Sus ojos buscaban siempre peligros ocultos en las sombras.

Njegove su oči uvijek tražile skrivene opasnosti u sjenama.

Sus piernas siempre estaban listas para correr ante la primera señal de amenaza.

Njegove su noge uvijek bile spremne za sprint na prvi znak prijetnje.

Se arrastraron por el bosque, silenciosos y cautelosos, uno al lado del otro.

Šuljali su se kroz šumu, tihi i oprezni, jedan pored drugog.

Buck lo siguió de cerca y ambos se mantuvieron alerta.

Buck ga je slijedio za petama, a obojica su ostali na oprezu.

Sus orejas se movían y temblaban, sus narices olfateaban el aire.

Uši su im trzale i pomicale se, nosovi su im njuškali zrak.

El hombre podía oír y oler el bosque tan agudamente como
Buck.
Čovjek je mogao čuti i namirisati šumu jednako oštro kao i
Buck.
El hombre peludo se balanceó entre los árboles con una
velocidad repentina.
Dlakavi čovjek se iznenadnom brzinom zaljuljao kroz drveće.
Saltaba de rama en rama sin perder nunca su agarre.
Skakao je s grane na granu, nikada ne promašujući hvat.
Se movió tan rápido sobre el suelo como sobre él.
Kretao se jednako brzo iznad zemlje kao i po njoj.
Buck recordó las largas noches bajo los árboles, haciendo
guardia.
Buck se sjećao dugih noći pod drvećem, dok je stražario.
El hombre dormía recostado en las ramas, aferrado
fuertemente.
Čovjek je spavao sklupčan u granama, čvrsto se držeći.
Esta visión del hombre peludo estaba estrechamente ligada
al llamado profundo.
Ova vizija dlakavog čovjeka bila je usko povezana s dubokim
zovom.
El llamado aún resonaba en el bosque con una fuerza
inquietante.
Poziv je i dalje odjekivao šumom proganjajućom snagom.
La llamada llenó a Buck de anhelo y una inquieta sensación
de alegría.
Poziv je ispunio Bucka čežnjom i nemirnim osjećajem radosti.
Sintió impulsos y agitaciones extrañas que no podía
nombrar.
Osjećao je čudne porive i nagone koje nije mogao imenovati.
A veces seguía la llamada hasta lo profundo del tranquilo
bosque.
Ponekad je slijedio poziv duboko u tihu šumu.
Buscó el llamado, ladrando suave o agudamente mientras
caminaba.
Tražio je zov, lajući tiho ili oštro dok je išao.
Olfateó el musgo y la tierra negra donde crecían las hierbas.

Ponjušio je mahovinu i crno tlo gdje su rasle trave.

Resopló de alegría ante los ricos olores de la tierra profunda.

Frknuo je od užitka na bogate mirise duboke zemlje.

Se agazapó durante horas detrás de troncos cubiertos de hongos.

Satima se skrivao iza debala prekrivenih gljivicama.

Se quedó quieto, escuchando con los ojos muy abiertos cada pequeño sonido.

Ostao je miran, širom otvorenih očiju osluškujući svaki, i najmanji zvuk.

Quizás esperaba sorprender al objeto que le había hecho el llamado.

Možda se nadao da će iznenaditi ono što je pozvalo.

Él no sabía por qué actuaba así: simplemente lo hacía.

Nije znao zašto se tako ponašao - jednostavno jest.

Los impulsos venían desde lo más profundo, más allá del pensamiento o la razón.

Porivi su dolazili iz dubine, izvan misli ili razuma.

Impulsos irresistibles se apoderaron de Buck sin previo aviso ni razón.

Neodoljivi porivi obuzeli su Bucka bez upozorenja ili razloga.

A veces dormitaba perezosamente en el campamento bajo el calor del mediodía.

Ponekad je lijeno drijemao u logoru pod podnevnom vrućinom.

De repente, su cabeza se levantó y sus orejas se levantaron en alerta.

Odjednom je podigao glavu, a uši su mu se naćulile.

Entonces se levantó de un salto y se lanzó hacia lo salvaje sin detenerse.

Zatim je skočio i bez zadržavanja jurnuo u divljinu.

Corrió durante horas por senderos forestales y espacios abiertos.

Satima je trčao šumskim stazama i otvorenim prostorima.

Le encantaba seguir los lechos de los arroyos secos y espiar a los pájaros en los árboles.

Volio je pratiti suha korita potoka i promatrati ptice u drveću.

Podría permanecer escondido todo el día, mirando a las perdices pavonearse.

Mogao je cijeli dan ležati skriven, promatrajući jarebice kako se šepure uokolo.

Ellos tamborilearon y marcharon, sin percatarse de la presencia todavía de Buck.

Bubnjali su i marširali, nesvjesni Buckove još uvijek prisutnosti.

Pero lo que más le gustaba era correr al atardecer en verano.

Ali ono što je najviše volio bilo je trčanje u sumrak ljeti.

La tenue luz y los sonidos soñolientos del bosque lo llenaron de alegría.

Prigušeno svjetlo i pospani šumski zvukovi ispunjavali su ga radošću.

Leyó las señales del bosque tan claramente como un hombre lee un libro.

Čitao je šumske znakove jasno kao što čovjek čita knjigu.

Y siempre buscaba aquella cosa extraña que lo llamaba.

I uvijek je tražio onu čudnu stvar koja ga je zvala.

Ese llamado nunca se detuvo: lo alcanzaba despierto o dormido.

Taj poziv nikada nije prestajao - dopirao ga je budnog ili spavajućeg.

Una noche, se despertó sobresaltado, con los ojos alerta y las orejas alerta.

Jedne noći se naglo probudio, oštrog pogleda i naćuljenih ušiju.

Sus fosas nasales se crisparon mientras su melena se erizaba en ondas.

Nozdrve su mu se trznule dok mu se griva nakostriješila u valovima.

Desde lo profundo del bosque volvió a oírse el sonido, el viejo llamado.

Iz dubine šume ponovno se začuo zvuk, stari zov.

Esta vez el sonido sonó claro, un aullido largo, inquietante y familiar.

Ovaj put zvuk je odjeknuo jasno, dug, proganjajući, poznati urlik.

Era como el grito de un husky, pero extraño y salvaje en tono.

Bilo je to poput krika haskija, ali čudnog i divljeg tona.

Buck reconoció el sonido al instante: había oído exactamente el mismo sonido hacía mucho tiempo.

Buck je odmah prepoznao zvuk - davno je čuo isti zvuk.

Saltó a través del campamento y desapareció rápidamente en el bosque.

Skočio je kroz logor i brzo nestao u šumi.

A medida que se acercaba al sonido, disminuyó la velocidad y se movió con cuidado.

Kako se približavao zvuku, usporio je i kretao se oprezno.

Pronto llegó a un claro entre espesos pinos.

Ubrzo je stigao do čistine između gustih borova.

Allí, erguido sobre sus cuartos traseros, estaba sentado un lobo de bosque alto y delgado.

Tamo, uspravno na stražnjim nogama, sjedio je visok, mršav šumski vuk.

La nariz del lobo apuntaba hacia el cielo, todavía haciendo eco del llamado.

Vučji nos bio je usmjeren prema nebu, još uvijek odjekujući zovom.

Buck no había emitido ningún sonido, pero el lobo se detuvo y escuchó.

Buck nije ispustio ni glasa, ali vuk se ipak zaustavio i osluškivao.

Sintiendo algo, el lobo se tensó y buscó en la oscuridad.

Osjetivši nešto, vuk se ukočio, pretražujući tamu.

Buck apareció sigilosamente, con el cuerpo agachado y los pies quietos sobre el suelo.

Buck se ušuljao u vidokrug, prignutog tijela, stopala mirno na tlu.

Su cola estaba recta y su cuerpo enroscado por la tensión.

Rep mu je bio ravan, tijelo čvrsto sklupčano od napetosti.

Mostró al mismo tiempo una amenaza y una especie de amistad ruda.

Pokazivao je i prijetnju i neku vrstu grubog prijateljstva.

Fue el saludo cauteloso que compartían las bestias salvajes.

Bio je to oprezan pozdrav koji dijele divlje zvijeri.

Pero el lobo se dio la vuelta y huyó tan pronto como vio a Buck.

Ali vuk se okrenuo i pobjegao čim je ugledao Bucka.

Buck lo persiguió, saltando salvajemente, ansioso por alcanzarlo.

Buck je krenuo u potjeru, divlje skačući, željan da ga sustigne.

Siguió al lobo hasta un arroyo seco bloqueado por un atasco de madera.

Slijedio je vuka u suhi potok koji je blokirala drvena barijera.

Acorralado, el lobo giró y se mantuvo firme.

Stjeran u kut, vuk se okrenuo i ostao stajati na mjestu.

El lobo gruñó y mordió a su presa como un perro husky atrapado en una pelea.

Vuk je zarežao i škljocao poput uhvaćenog haskija u borbi.

Los dientes del lobo chasquearon rápidamente y su cuerpo se erizó de furia salvaje.

Vučji su zubi brzo škljocali, a tijelo mu je kovitlalo od divljeg bijesa.

Buck no atacó, sino que rodeó al lobo con cautelosa amabilidad.

Buck nije napao, već je s pažljivom prijateljstvom kružio oko vuka.

Intentó bloquear su escape con movimientos lentos e inofensivos.

Pokušao je spriječiti svoj bijeg sporim, bezopasnim pokretima.

El lobo estaba cauteloso y asustado: Buck pesaba tres veces más que él.

Vuk je bio oprezan i uplašen - Buck ga je tri puta nadmašio.

La cabeza del lobo apenas llegaba hasta el enorme hombro de Buck.

Vučja glava jedva je dosezala do Buckovog masivnog ramena.

Al acecho de un hueco, el lobo salió disparado y la persecución comenzó de nuevo.

Tražeći prazninu, vuk je pobjegao i potjera je ponovno započela.

Varias veces Buck lo acorraló y el baile se repitió.

Nekoliko puta ga je Buck stjerao u kut, a ples se ponovio.

El lobo estaba delgado y débil, de lo contrario Buck no podría haberlo atrapado.

Vuk je bio mršav i slab, inače ga Buck ne bi mogao uhvatiti.

Cada vez que Buck se acercaba, el lobo giraba y lo enfrentaba con miedo.

Svaki put kad bi se Buck približio, vuk bi se okrenuo i u strahu se suočio s njim.

Luego, a la primera oportunidad, se lanzó de nuevo al bosque.

Tada je, pri prvoj prilici, ponovno odjurio u šumu.

Pero Buck no se dio por vencido y finalmente el lobo comenzó a confiar en él.

Ali Buck nije odustao i vuk mu je konačno počeo vjerovati.

Olió la nariz de Buck y los dos se pusieron juguetones y alertas.

Ponjušio je Buckov nos, i njih dvojica su postali razigrani i budni.

Jugaban como animales salvajes, feroces pero tímidos en su alegría.

Igrali su se poput divljih životinja, žestoki, a opet sramežljivi u svojoj radosti.

Después de un rato, el lobo se alejó trotando con calma y propósito.

Nakon nekog vremena, vuk je odšetao s mirnom odlučnošću.

Le demostró claramente a Buck que tenía la intención de que lo siguieran.

Jasno je pokazao Bucku da ga namjeravaju pratiti.

Corrieron uno al lado del otro a través de la penumbra del crepúsculo.

Trčali su jedno pored drugog kroz sumrak.

Siguieron el lecho del arroyo hasta el desfiladero rocoso.

Slijedili su korito potoka uzbrdo u stjenoviti klanac.

Cruzaron una divisoria fría donde había comenzado el arroyo.

Prešli su hladnu granicu gdje je potok počeo.

En la ladera más alejada encontraron un extenso bosque y numerosos arroyos.

Na dalekoj padini pronašli su široku šumu i mnoge potoke.

Por esta vasta tierra corrieron durante horas sin parar.

Kroz ovu prostranu zemlju, trčali su satima bez zaustavljanja.

El sol salió más alto, el aire se calentó, pero ellos siguieron corriendo.

Sunce se podiglo više, zrak se zagrijao, ali oni su trčali dalje.

Buck estaba lleno de alegría: sabía que estaba respondiendo a su llamado.

Buck je bio ispunjen radošću - znao je da odgovara na svoj poziv.

Corrió junto a su hermano del bosque, más cerca de la fuente del llamado.

Trčao je uz svog šumskog brata, bliže izvoru poziva.

Los viejos sentimientos regresaron, poderosos y difíciles de ignorar.

Stari osjećaji su se vratili, snažni i teško ih je bilo ignorirati.

Éstas eran las verdades detrás de los recuerdos de sus sueños.

To su bile istine iza sjećanja iz njegovih snova.

Todo esto ya lo había hecho antes, en un mundo distante y sombrío.

Sve je to već prije radio u dalekom i sjenovitom svijetu.

Ahora lo hizo de nuevo, corriendo salvajemente con el cielo abierto encima.

Sad je to opet učinio, divljajući pod otvorenim nebom iznad sebe.

Se detuvieron en un arroyo para beber del agua fría que fluía.

Zaustavili su se kod potoka kako bi se napili hladne tekuće vode.

Mientras bebía, Buck de repente recordó a John Thornton.

Dok je pio, Buck se odjednom sjetio Johna Thorntona.

Se sentó en silencio, desgarrado por la atracción de la lealtad y el llamado.

Sjeo je u tišini, rastrgan privlačnošću odanosti i poziva.

El lobo siguió trotando, pero regresó para impulsar a Buck a seguir adelante.

Vuk je nastavio kasati, ali se vratio da potakne Bucka naprijed.

Le olisqueó la nariz y trató de convencerlo con gestos suaves.

Šmrknuo je nosom i pokušao ga nagovoriti nježnim gestama.

Pero Buck se dio la vuelta y comenzó a regresar por donde había venido.

Ali Buck se okrenuo i krenuo natrag putem kojim je došao.

El lobo corrió a su lado durante un largo rato, gimiendo silenciosamente.

Vuk je dugo trčao pokraj njega, tiho cvileći.

Luego se sentó, levantó la nariz y dejó escapar un largo aullido.

Zatim je sjeo, podigao nos i ispustio dugi zavijajući.

Fue un grito triste, que se suavizó cuando Buck se alejó.

Bio je to tužan krik, koji se omekšao dok se Buck udaljavao.

Buck escuchó mientras el sonido del grito se desvanecía lentamente en el silencio del bosque.

Buck je slušao kako zvuk krika polako nestaje u šumskoj tišini.

John Thornton estaba cenando cuando Buck irrumpió en el campamento.

John Thornton je večerao kad je Buck upao u logor.

Buck saltó sobre él salvajemente, lamiéndolo, mordiéndolo y haciéndolo caer.

Buck je divlje skočio na njega, ližući ga, grizući i prevrćući.

Lo derribó, se subió encima y le besó la cara.

Srušio ga je, popeo se na njega i poljubio ga u lice.

Thornton lo llamó con cariño "hacer el tonto en general".

Thornton je to s ljubavlju nazvao "igranjem općeg budala".

Mientras tanto, maldijo a Buck suavemente y lo sacudió de un lado a otro.

Cijelo vrijeme je nježno psovao Bucka i tresao ga naprijed-natrag.

Durante dos días y dos noches enteras, Buck no abandonó el campamento ni una sola vez.
Dva puna dana i noći Buck nijednom nije napustio logor.

Se mantuvo cerca de Thornton y nunca lo perdió de vista.
Držao se blizu Thorntona i nikada ga nije ispuštao iz vida.

Lo siguió mientras trabajaba y lo observó mientras comía.
Prati ga dok je radio i promatrao ga dok je jeo.

Acompañaba a Thornton con sus mantas por la noche y lo salía cada mañana.
Pratio je Thorntona u njegovim pokrivačima noću i vani svako jutro.

Pero pronto el llamado del bosque regresó, más fuerte que nunca.
Ali ubrzo se šumski zov vratio, glasniji nego ikad prije.

Buck volvió a inquietarse, agitado por los pensamientos del lobo salvaje.
Buck je ponovno postao nemiran, potaknut mislima o divljem vuku.

Recordó el terreno abierto y correr uno al lado del otro.
Sjetio se otvorenog prostora i trčanja rame uz rame.

Comenzó a vagar por el bosque una vez más, solo y alerta.
Ponovno je počeo lutati šumom, sam i budan.

Pero el hermano salvaje no regresó y el aullido no se escuchó.
Ali divlji brat se nije vratio, a zavijanje se nije čulo.

Buck comenzó a dormir a la intemperie, manteniéndose alejado durante días.
Buck je počeo spavati vani, izostavljajući se danima.

Una vez cruzó la alta divisoria donde había comenzado el arroyo.
Jednom je prešao visoki prijevoj gdje je potok počinjao.

Entró en la tierra de la madera oscura y de los arroyos anchos y fluidos.
Ušao je u zemlju tamnih šuma i širokih tekućih potoka.

Durante una semana vagó en busca de señales del hermano salvaje.
Tjedan dana je lutao, tražeći znakove divljeg brata.

Mataba su propia carne y viajaba con pasos largos e incansables.

Klao je vlastito meso i putovao dugim, neumornim koracima.

Pescaba salmón en un ancho río que llegaba al mar.

Lovio je lososa u širokoj rijeci koja je dopirala do mora.

Allí luchó y mató a un oso negro enloquecido por los insectos.

Tamo se borio i ubio crnog medvjeda kojeg su izludile kukci.

El oso estaba pescando y corrió ciegamente entre los árboles.

Medvjed je lovio ribu i naslijepo je trčao kroz drveće.

La batalla fue feroz y despertó el profundo espíritu de lucha de Buck.

Bitka je bila žestoka, probudivši Buckov duboki borbeni duh.

Dos días después, Buck regresó y encontró glotones en su presa.

Dva dana kasnije, Buck se vratio i pronašao žderave kod svog plijena.

Una docena de ellos se pelearon con furia y ruidosidad por la carne.

Njih dvanaest se bučno i bijesno svađalo oko mesa.

Buck cargó y los dispersó como hojas en el viento.

Buck je jurnuo i raspršio ih poput lišća na vjetru.

Dos lobos permanecieron atrás, silenciosos, sin vida e inmóviles para siempre.

Dva vuka su ostala iza - tiha, beživotna i nepomična zauvijek.

La sed de sangre se hizo más fuerte que nunca.

Žeđ za krvlju postala je jača nego ikad.

Buck era un cazador, un asesino, que se alimentaba de criaturas vivas.

Buck je bio lovac, ubojica, hranio se živim bićima.

Sobrevivió solo, confiando en su fuerza y sus sentidos agudos.

Preživio je sam, oslanjajući se na svoju snagu i oštra osjetila.

Prosperó en la naturaleza, donde sólo los más resistentes podían vivir.

Napredovao je u divljini, gdje su mogli živjeti samo najjačiji.

A partir de esto, un gran orgullo surgió y llenó todo el ser de Buck.

Iz toga se pojavio veliki ponos i ispunio cijelo Buckovo biće.

Su orgullo se reflejaba en cada uno de sus pasos, en el movimiento de cada músculo.

Njegov ponos se očitovao u svakom koraku, u podrhtavanju svakog mišića.

Su orgullo era tan claro como sus palabras, y se reflejaba en su manera de comportarse.

Njegov ponos bio je jasan kao riječ, što se vidjelo u načinu na koji se držao.

Incluso su grueso pelaje parecía más majestuoso y brillaba más.

Čak je i njegov debeli kaput izgledao veličanstvenije i jače se sjajio.

Buck podría haber sido confundido con un lobo gigante.

Bucka su mogli zamijeniti za divovskog šumskog vuka.

A excepción del color marrón en el hocico y las manchas sobre los ojos.

Osim smeđe boje na njušci i pjega iznad očiju.

Y la raya blanca de pelo que corría por el centro de su pecho.

I bijeli prug krzna koji mu se protezao niz sredinu prsa.

Era incluso más grande que el lobo más grande de esa feroz raza.

Bio je čak i veći od najvećeg vuka te divlje pasmine.

Su padre, un San Bernardo, le dio tamaño y complexión robusta.

Njegov otac, bernardinac, dao mu je veličinu i krupnu građu.

Su madre, una pastora, moldeó esa masa hasta darle forma de lobo.

Njegova majka, pastirica, oblikovala je tu masu u vučji oblik.

Tenía el hocico largo de un lobo, aunque más pesado y ancho.

Imao je dugu vučju njušku, iako težu i širu.

Su cabeza era la de un lobo, pero construida en una escala enorme y majestuosa.

Glava mu je bila vučja, ali građena na masivnim, veličanstvenim razmjerima.

La astucia de Buck era la astucia del lobo y de la naturaleza.

Buckova lukavost bila je lukavost vuka i divljine.

Su inteligencia provenía tanto del pastor alemán como del san bernardo.

Njegova inteligencija dolazila je i od njemačkog ovčara i od bernardinca.

Todo esto, más la dura experiencia, lo convirtieron en una criatura temible.

Sve to, uz teško iskustvo, učinilo ga je zastrašujućim stvorenjem.

Era tan formidable como cualquier bestia que vagaba por las tierras salvajes del norte.

Bio je jednako zastrašujući kao i svaka zvijer koja je lutala sjevernom divljinom.

Viviendo sólo de carne, Buck alcanzó el máximo nivel de su fuerza.

Živeći samo na mesu, Buck je dosegao puni vrhunac svoje snage.

Rebosaba poder y fuerza masculina en cada fibra de él.

Preplavio je moć i mušku snagu u svakom vlaknu svog tijela.

Cuando Thornton le acarició la espalda, sus pelos brillaron con energía.

Kad ga je Thornton pogladila po leđima, dlake su zaiskrile od energije.

Cada cabello crujió, cargado con el toque de un magnetismo vivo.

Svaka je dlaka pucketala, nabijena dodirom živog magnetizma.

Su cuerpo y su cerebro estaban afinados al máximo nivel posible.

Njegovo tijelo i mozak bili su podešeni na najfiniju moguću frekvenciju.

Cada nervio, fibra y músculo trabajaba en perfecta armonía.

Svaki živac, vlakno i mišić radili su u savršenom skladu.

Ante cualquier sonido o visión que requiriera acción, él respondía instantáneamente.

Na bilo koji zvuk ili prizor koji je zahtijevao djelovanje, reagirao je trenutačno.

Si un husky saltaba para atacar, Buck podía saltar el doble de rápido.

Ako bi haski skočio u napad, Buck bi mogao skočiti dvostruko brže.

Reaccionó más rápido de lo que los demás pudieron verlo o escuchar.

Reagirao je brže nego što su drugi mogli vidjeti ili čuti.

La percepción, la decisión y la acción se produjeron en un momento fluido.

Percepcija, odluka i djelovanje došli su u jednom fluidnom trenutku.

En realidad, estos actos fueron separados, pero demasiado rápidos para notarlos.

U istini, ta su djela bila odvojena, ali prebrza da bi se primijetila.

Los intervalos entre estos actos fueron tan breves que parecían uno solo.

Razmaci između tih činova bili su toliko kratki da su se činili kao jedno.

Sus músculos y su ser eran como resortes fuertemente enrollados.

Njegovi mišići i tijelo bili su poput čvrsto napetih opruga.

Su cuerpo rebosaba de vida, salvaje y alegre en su poder.

Tijelo mu je preplavljeno životom, divlje i radosno u svojoj snazi.

A veces sentía como si la fuerza fuera a estallar fuera de él por completo.

Ponekad se osjećao kao da će sila potpuno izbiti iz njega.

"Nunca vi un perro así", dijo Thornton un día tranquilo.

„Nikad nije bilo takvog psa", rekao je Thornton jednog mirnog dana.

Los socios observaron a Buck alejarse orgullosamente del campamento.

Partneri su gledali kako Buck ponosno korača iz logora.

"Cuando lo crearon, cambió lo que un perro puede ser", dijo Pete.

„Kad je stvoren, promijenio je ono što pas može biti", rekao je Pete.

—¡Por Dios! Yo también lo creo —respondió Hans rápidamente.

„Bože! I ja tako mislim", brzo se složio Hans.

Lo vieron marcharse, pero no el cambio que vino después.

Vidjeli su ga kako odlazi, ali ne i promjenu koja je uslijedila nakon toga.

Tan pronto como entró en el bosque, Buck se transformó por completo.

Čim je ušao u šumu, Buck se potpuno preobrazio.

Ya no marchaba, sino que se movía como un fantasma salvaje entre los árboles.

Više nije marširao, već se kretao poput divljeg duha među drvećem.

Se quedó en silencio, con pasos de gato, un destello que pasaba entre las sombras.

Postao je tih, mačjih stopala, poput bljeska koji prolazi kroz sjene.

Utilizó la cubierta con habilidad, arrastrándose sobre su vientre como una serpiente.

Vješto se skrivao, puzeći na trbuhu poput zmije.

Y como una serpiente, podía saltar hacia adelante y atacar en silencio.

I poput zmije, mogao je skočiti naprijed i udariti u tišini.

Podría robar una perdiz nival directamente de su nido escondido.

Mogao je ukrasti kokošku ravno iz njenog skrivenog gnijezda.

Mató conejos dormidos sin hacer un solo sonido.

Ubijao je usnule zečeve bez ijednog glasa.

Podía atrapar ardillas en el aire cuando huían demasiado lentamente.

Mogao je uhvatiti vjeverice u zraku dok su bježale presporo.

Ni siquiera los peces en los estanques podían escapar de sus ataques repentinos.

Čak ni ribe u bazenima nisu mogle izbjeći njegove iznenadne napade.

Ni siquiera los castores más inteligentes que arreglaban presas estaban a salvo de él.

Čak ni pametni dabrovi koji su popravljali brane nisu bili sigurni od njega.

Él mataba por comida, no por diversión, pero prefería matar a sus propias víctimas.

Ubijao je za hranu, ne za zabavu - ali najviše je volio vlastite ubojstva.

Aun así, un humor astuto impregnaba algunas de sus cacerías silenciosas.

Ipak, lukavi humor provlačio se kroz neke od njegovih tihih lova.

Se acercó sigilosamente a las ardillas, pero las dejó escapar.

Prišuljao se blizu vjeverica, samo da bi ih pustio da pobjegnu.

Iban a huir hacia los árboles, parloteando con terrible indignación.

Htjeli su pobjeći u drveće, brbljajući od straha i bijesa.

A medida que llegaba el otoño, los alces comenzaron a aparecer en mayor número.

Kako je došla jesen, losovi su se počeli pojavljivati u većem broju.

Avanzaron lentamente hacia los valles bajos para encontrarse con el invierno.

Polako su se kretali u niske doline kako bi dočekali zimu.

Buck ya había derribado a un ternero joven y perdido.

Buck je već oborio jedno mlado, zalutalo tele.

Pero anhelaba enfrentarse a presas más grandes y peligrosas.

Ali žudio je suočiti se s većim, opasnijim plijenom.

Un día, en la divisoria, a la altura del nacimiento del arroyo, encontró su oportunidad.

Jednog dana na razvodju, na izvoru potoka, pronašao je svoju priliku.

Una manada de veinte alces había cruzado desde tierras boscosas.
Krdo od dvadeset losova prešlo je iz šumovitog područja.
Entre ellos había un poderoso toro; el líder del grupo.
Među njima je bio moćni bik; vođa skupine.
El toro medía más de seis pies de alto y parecía feroz y salvaje.
Bik je bio visok preko šest stopa i izgledao je divlje i žestoko.
Lanzó sus anchas astas, con catorce puntas ramificándose hacia afuera.
Zamahnuo je svojim širokim rogovima, od kojih se četrnaest vrhova granalo prema van.
Las puntas de esas astas se extendían siete pies de ancho.
Vrhovi tih rogova protezali su se dva metra u širinu.
Sus pequeños ojos ardieron de rabia cuando vio a Buck cerca.
Njegove male oči gorjele su od bijesa kad je ugledao Bucka u blizini.
Soltó un rugido furioso, temblando de furia y dolor.
Ispustio je bijesan urlik, drhteći od bijesa i boli.
Una punta de flecha sobresalía cerca de su flanco, emplumada y afilada.
Vrh strijele stršio je blizu njegovog boka, pernat i oštar.
Esta herida ayudó a explicar su humor salvaje y amargado.
Ova rana pomogla je objasniti njegovo divlje, ogorčeno raspoloženje.
Buck, guiado por su antiguo instinto de caza, hizo su movimiento.
Buck, vođen drevnim lovačkim instinktom, napravio je svoj potez.
Su objetivo era separar al toro del resto de la manada.
Cilj mu je bio odvojiti bika od ostatka krda.
No fue una tarea fácil: requirió velocidad y una astucia feroz.
To nije bio lak zadatak - zahtijevala je brzinu i žestoku lukavost.
Ladró y bailó cerca del toro, fuera de su alcance.
Lajao je i plesao blizu bika, taman izvan dometa.

El alce atacó con enormes pezuñas y astas mortales.
Los se nasrnuo s ogromnim kopitima i smrtonosnim rogovima.
Un golpe podría haber acabado con la vida de Buck en un instante.
Jedan udarac mogao je Bucku oduzeti život u trenutku.
Incapaz de dejar atrás la amenaza, el toro se volvió loco.
Ne mogavši ostaviti prijetnju iza sebe, bik je poludio.
Él cargó con furia, pero Buck siempre se le escapaba.
Bijesno je jurnuo, ali Buck se uvijek izvukao.
Buck fingió debilidad, lo que lo alejó aún más de la manada.
Buck je glumio slabost, mameći ga dalje od krda.
Pero los toros jóvenes estaban a punto de atacar para proteger al líder.
Ali mladi bikovi su se namjeravali vratiti u napad kako bi zaštitili vođu.
Obligaron a Buck a retirarse y al toro a reincorporarse al grupo.
Prisilili su Bucka na povlačenje, a bika da se ponovno pridruži skupini.
Hay una paciencia en lo salvaje, profunda e imparable.
U divljini postoji strpljenje, duboko i nezaustavljivo.
Una araña espera inmóvil en su red durante incontables horas.
Pauk nepomično čeka u svojoj mreži bezbroj sati.
Una serpiente se enrosca sin moverse y espera hasta que llega el momento.
Zmija se svija bez trzanja i čeka da dođe vrijeme.
Una pantera acecha hasta que llega el momento.
Pantera vreba u zasjedi dok ne dođe pravi trenutak.
Ésta es la paciencia de los depredadores que cazan para sobrevivir.
To je strpljenje grabežljivaca koji love kako bi preživjeli.
Esa misma paciencia ardía dentro de Buck mientras se quedaba cerca.
Isto to strpljenje gorjelo je u Bucku dok je ostao blizu.

Se quedó cerca de la manada, frenando su marcha y sembrando el miedo.

Ostao je blizu krda, usporavajući njegov marš i izazivajući strah.

Provocaba a los toros jóvenes y acosaba a las vacas madres.

Zadirkivao je mlade bikove i maltretirao majke krave.

Empujó al toro herido hacia una rabia más profunda e impotente. .

Ranjenog je bika doveo do još dubljeg, bespomoćnog bijesa.

Durante medio día, la lucha se prolongó sin descanso alguno.

Pola dana se borba odužila bez ikakvog odmora.

Buck atacó desde todos los ángulos, rápido y feroz como el viento.

Buck je napadao iz svih kutova, brz i žestok poput vjetra.

Impidió que el toro descansara o se escondiera con su manada.

Sprječavao je bika da se odmori ili sakrije sa svojim krdom.

Buck desgastó la voluntad del alce más rápido que su cuerpo.

Buck je brže iscrpljivao losovu volju nego njegovo tijelo.

El día transcurrió y el sol se hundió en el cielo del noroeste.

Dan je prošao i sunce je nisko zašlo na sjeverozapadnom nebu.

Los toros jóvenes regresaron más lentamente para ayudar a su líder.

Mladi bikovi su se sporije vraćali kako bi pomogli svom vođi.

Las noches de otoño habían regresado y la oscuridad ahora duraba seis horas.

Jesenske noći su se vratile, a mrak je sada trajao šest sati.

El invierno los estaba empujando cuesta abajo hacia valles más seguros y cálidos.

Zima ih je pritiskala nizbrdo u sigurnije, toplije doline.

Pero aún así no pudieron escapar del cazador que los retenía.

Ali ipak nisu mogli pobjeći od lovca koji ih je zadržavao.

Sólo una vida estaba en juego: no la de la manada, sino la de su líder.

Samo je jedan život bio u pitanju - ne život krda, već samo život njihovog vođe.

Eso hizo que la amenaza fuera distante y no su preocupación urgente.

To je prijetnju učinilo udaljenom i ne njihovom hitnom brigom.

Con el tiempo, aceptaron ese coste y dejaron que Buck se llevara al viejo toro.

S vremenom su prihvatili tu cijenu i pustili Bucka da uzme starog bika.

Al caer la tarde, el viejo toro permanecía con la cabeza gacha.

Dok se spuštao sumrak, stari bik je stajao oborene glave.

Observó cómo la manada que había guiado se desvanecía en la luz que se desvanecía.

Gledao je kako krdo koje je predvodio nestaje u sve slabijem svjetlu.

Había vacas que había conocido, terneros que una vez había engendrado.

Bilo je krava koje je poznavao, teladi čiji je nekoć bio otac.

Había toros más jóvenes con los que había luchado y gobernado en temporadas pasadas.

Bilo je mlađih bikova s kojima se borio i vladao u prošlim sezonama.

No pudo seguirlos, pues frente a él estaba agazapado nuevamente Buck.

Nije ih mogao slijediti - jer je pred njim opet čučao Buck.

El terror despiadado con colmillos bloqueó cualquier camino que pudiera tomar.

Nemilosrdni očnjaci blokirali su mu svaki put kojim bi krenuo.

El toro pesaba más de trescientos kilos de densa potencia.

Bik je težio više od tri stotine kilograma guste snage.

Había vivido mucho tiempo y luchado con ahínco en un mundo de luchas.

Dugo je živio i teško se borio u svijetu punom borbi.

Pero ahora, al final, la muerte vino de una bestia muy inferior a él.

Pa ipak, sada, na kraju, smrt je došla od zvijeri daleko ispod njega.

La cabeza de Buck ni siquiera llegó a alcanzar las enormes rodillas del toro.

Buckova glava nije se ni podigla do bikovih ogromnih zglobljenih koljena.

A partir de ese momento, Buck permaneció con el toro noche y día.

Od tog trenutka nadalje, Buck je ostao s bikom danju i noću.

Nunca le dio descanso, nunca le permitió pastar ni beber.

Nikad mu nije dao odmora, nikada mu nije dopustio da pase ili pije.

El toro intentó comer brotes tiernos de abedul y hojas de sauce.

Bik je pokušao jesti mlade izdanke breze i lišće vrbe.

Pero Buck lo ahuyentó, siempre alerta y siempre atacando.

Ali Buck ga je otjerao, uvijek na oprezu i uvijek napadajući.

Incluso ante arroyos que goteaban, Buck bloqueó cada intento de sed.

Čak i kod mračnih potoka, Buck je blokirao svaki žedni pokušaj.

A veces, desesperado, el toro huía a toda velocidad.

Ponekad bik, u očaju, bježao punom brzinom.

Buck lo dejó correr, trotando tranquilamente detrás, nunca muy lejos.

Buck ga je pustio da trči, mirno trčeći odmah iza njega, nikad daleko.

Cuando el alce se detuvo, Buck se acostó, pero se mantuvo listo.

Kad se los zaustavio, Buck je legao, ali je ostao spreman.

Si el toro intentaba comer o beber, Buck atacaba con toda furia.

Ako bik pokušao jesti ili piti, Buck bi udario punom bijesom.

La gran cabeza del toro se hundió aún más bajo sus enormes astas.

Bikova velika glava klonula je još niže pod njegovim ogromnim rogovima.

Su paso se hizo más lento, el trote se hizo pesado, un paso tambaleante.

Njegov se tempo usporio, kas je postao težak; spoticajući se hod.

A menudo se quedaba quieto con las orejas caídas y la nariz pegada al suelo.

Često je stajao mirno s obješenim ušima i nosom prislonjenim na tlo.

Durante esos momentos, Buck se tomó tiempo para beber y descansar.

Tijekom tih trenutaka, Buck je odvojio vrijeme za piće i odmor.

Con la lengua afuera y los ojos fijos, Buck sintió que la tierra estaba cambiando.

S isplaženim jezikom, uprtim pogledom, Buck je osjetio da se krajolik mijenja.

Sintió algo nuevo moviéndose a través del bosque y el cielo.

Osjetio je nešto novo kako se kreće kroz šumu i nebo.

A medida que los alces regresaban, también lo hacían otras criaturas salvajes.

Kako su se losovi vraćali, tako su se vraćala i druga divlja stvorenja.

La tierra se sentía viva, con presencia, invisible pero fuertemente conocida.

Zemlja se činila živom od prisutnosti, nevidljivom, ali snažno poznatom.

No fue por el sonido, ni por la vista, ni por el olfato que Buck supo esto.

Buck to nije znao ni po zvuku, ni po vidu, ni po mirisu.

Un sentimiento más profundo le decía que nuevas fuerzas estaban en movimiento.

Dublji osjećaj govorio mu je da se kreću nove snage.

Una vida extraña se agitaba en los bosques y a lo largo de los arroyos.

Čudan život se kovitlao kroz šume i uz potoke.

Decidió explorar este espíritu, después de que la caza se completara.

Odlučio je istražiti ovog duha nakon što lov bude završen.

Al cuarto día, Buck finalmente logró derribar al alce.

Četvrtog dana, Buck je napokon oborio losa.

Se quedó junto a la presa durante un día y una noche enteros, alimentándose y descansando.

Ostao je kraj plijena cijeli dan i noć, hraneći se i odmarajući.

Comió, luego durmió, luego volvió a comer, hasta que estuvo fuerte y lleno.

Jeo je, pa spavao, pa opet jeo, dok nije bio snažan i sit.

Cuando estuvo listo, regresó hacia el campamento y Thornton.

Kad je bio spreman, okrenuo se natrag prema logoru i Thorntonu.

Con ritmo constante, inició el largo viaje de regreso a casa.

Ujednačenim tempom započeo je dugo putovanje natrag kući.

Corría con su incansable galope, hora tras hora, sin desviarse jamás.

Trčao je svojim neumornim trkom, sat za satom, nijednom ne skrećući s puta.

A través de tierras desconocidas, se movió recto como la aguja de una brújula.

Kroz nepoznate krajeve kretao se ravno poput igle kompasa.

Su sentido de la orientación hacía que el hombre y el mapa parecieran débiles en comparación.

Njegov osjećaj za orijentaciju činio je čovjeka i kartu slabima u usporedbi.

A medida que Buck corría, sentía con más fuerza la agitación en la tierra salvaje.

Dok je Buck trčao, sve je jače osjećao komešanje u divljini.

Era un nuevo tipo de vida, diferente a la de los tranquilos meses de verano.

Bio je to novi život, za razliku od onog tijekom mirnih ljetnih mjeseci.

Este sentimiento ya no llegaba como un mensaje sutil o distante.

Taj osjećaj više nije dolazio kao suptilna ili daleka poruka.

Ahora los pájaros hablaban de esta vida y las ardillas parloteaban sobre ella.

Sada su ptice pričale o tom životu, a vjeverice su brbljale o njemu.

Incluso la brisa susurraba advertencias a través de los árboles silenciosos.

Čak je i povjetarac šaputao upozorenja kroz tiho drveće.

Varias veces se detuvo y olió el aire fresco de la mañana.

Nekoliko puta je stao i udahnuo svježi jutarnji zrak.

Allí leyó un mensaje que le hizo avanzar más rápido.

Tamo je pročitao poruku koja ga je natjerala da brže skoči naprijed.

Una fuerte sensación de peligro lo llenó, como si algo hubiera salido mal.

Ispunio ga je težak osjećaj opasnosti, kao da je nešto pošlo po zlu.

Temía que se avecinara una calamidad, o que ya hubiera ocurrido.

Bojao se da dolazi nesreća - ili je već došla.

Cruzó la última cresta y entró en el valle de abajo.

Prešao je posljednji greben i ušao u dolinu ispod.

Se movió más lentamente, alerta y cauteloso con cada paso.

Kretao se sporije, budan i oprezan sa svakim korakom.

A tres millas de distancia encontró un nuevo rastro que lo hizo ponerse rígido.

Tri milje dalje pronašao je svjež trag koji ga je ukočio.

El cabello de su cuello se onduló y se erizó en señal de alarma.

Kosa uz njegov vrat nakostriješila se i zakotrljala od uzbune.

El sendero conducía directamente al campamento donde Thornton esperaba.

Staza je vodila ravno prema logoru gdje je čekao Thornton.

Buck se movió más rápido ahora, su paso era silencioso y rápido.

Buck se sada kretao brže, njegov korak je bio i tih i brz.

Sus nervios se tensaron al leer señales que otros no verían.

Živci su mu se stegli dok je čitao znakove koje će drugi propustiti.

Cada detalle del recorrido contaba una historia, excepto la pieza final.

Svaki detalj na stazi pričao je priču - osim posljednjeg dijela.

Su nariz le contaba sobre la vida que había transcurrido por allí.

Nos mu je pričao o životu koji je ovuda prošao.

El olor le dio una imagen cambiante mientras lo seguía de cerca.

Miris mu je davao promjenjivu sliku dok je slijedio u stopu.

Pero el bosque mismo había quedado en silencio; anormalmente quieto.

Ali sama šuma je utihnula; neprirodno mirna.

Los pájaros habían desaparecido, las ardillas estaban escondidas, silenciosas y quietas.

Ptice su nestale, vjeverice su bile skrivene, tihe i mirne.

Sólo vio una ardilla gris, tumbada sobre un árbol muerto.

Vidio je samo jednu sivu vjevericu, spljoštenu na mrtvom drvetu.

La ardilla se mimetizó, rígida e inmóvil como una parte del bosque.

Vjeverica se stopila s okolinom, ukočena i nepomična poput dijela šume.

Buck se movía como una sombra, silencioso y seguro entre los árboles.

Buck se kretao poput sjene, tiho i sigurno kroz drveće.

Su nariz se movió hacia un lado como si una mano invisible la tirara.

Nos mu se trznuo u stranu kao da ga je povukla nevidljiva ruka.

Se giró y siguió el nuevo olor hasta lo profundo de un matorral.

Okrenuo se i slijedio novi miris duboko u šikaru.

Allí encontró a Nig, que yacía muerto, atravesado por una flecha.

Tamo je pronašao Niga, kako leži mrtav, proboden strijelom.

La flecha atravesó su cuerpo y aún se le veían las plumas.

Strijela je prošla kroz njegovo tijelo, perje se još vidjelo.

Nig se arrastró hasta allí, pero murió antes de llegar para recibir ayuda.

Nig se dovukao tamo, ali je umro prije nego što je stigao do pomoći.

Cien metros más adelante, Buck encontró otro perro de trineo.

Stotinjak metara dalje, Buck je pronašao još jednog psa za vuču saonica.

Era un perro que Thornton había comprado en Dawson City.

Bio je to pas kojeg je Thornton kupio još u Dawson Cityju.

El perro se encontraba en una lucha a muerte, agitándose con fuerza en el camino.

Pas se borio na smrt, snažno se bacajući po stazi.

Buck pasó a su alrededor, sin detenerse, con los ojos fijos hacia adelante.

Buck ga je prošao, ne zaustavljajući se, s pogledom uprtim ispred sebe.

Desde la dirección del campamento llegaba un canto distante y rítmico.

Iz smjera logora dopiralo je udaljeno, ritmično pjevanje.

Las voces subían y bajaban en un tono extraño, inquietante y cantarín.

Glasovi su se dizali i spuštali u čudnom, jezivom, pjevušavom tonu.

Buck se arrastró hacia el borde del claro en silencio.

Buck je u tišini puzao naprijed do ruba čistine.

Allí vio a Hans tendido boca abajo, atravesado por muchas flechas.

Tamo je ugledao Hansa kako leži licem prema dolje, proboden mnogim strijelama.

Su cuerpo parecía el de un puercoespín, erizado de plumas.

Tijelo mu je izgledalo poput dikobraza, prekriveno pernatim strijelama.

En ese mismo momento, Buck miró hacia la cabaña en ruinas.

U istom trenutku, Buck je pogledao prema srušenoj kolibi.

La visión hizo que se le erizara el pelo de la nuca y de los hombros.

Od tog prizora kosa mu se nakostriješila na vratu i ramenima.

Una tormenta de furia salvaje recorrió todo el cuerpo de Buck.

Oluja divljeg bijesa prostrujala je cijelim Buckovim tijelom.

Gruñó en voz alta, aunque no sabía que lo había hecho.

Glasno je zarežao, iako nije znao da je to učinio.

El sonido era crudo, lleno de furia aterradora y salvaje.

Zvuk je bio sirov, ispunjen zastrašujućim, divljim bijesom.

Por última vez en su vida, Buck perdió la razón ante la emoción.

Posljednji put u životu, Buck je izgubio razum za emocije.

Fue el amor por John Thornton lo que rompió su cuidadoso control.

Ljubav prema Johnu Thorntonu slomila je njegovu pažljivu samokontrolu.

Los Yeehats estaban bailando alrededor de la cabaña de abetos en ruinas.

Yeehatsi su plesali oko srušene smrekove kolibe.

Entonces se escuchó un rugido y una bestia desconocida cargó hacia ellos.

Zatim se začula rika - i nepoznata zvijer jurnula je prema njima.

Era Buck; una furia en movimiento; una tormenta viviente de venganza.

Bio je to Buck; bijes u pokretu; živa oluja osvete.

Se arrojó en medio de ellos, loco por la necesidad de matar.

Bacio se među njih, lud od potrebe da ubije.

Saltó hacia el primer hombre, el jefe Yeehat, y acertó.

Skočio je na prvog čovjeka, poglavicu Yeehata, i pogodio je u pravu točku.

Su garganta fue desgarrada y la sangre brotó a chorros.

Grlo mu je bilo rasporeno, a krv je šikljala u mlazu.

Buck no se detuvo, sino que desgarró la garganta del siguiente hombre de un salto.

Buck se nije zaustavio, već je jednim skokom prerezao grkljan sljedećem čovjeku.

Era imparable: desgarraba, cortaba y nunca se detenía a descansar.

Bio je nezaustavljiv - kidao je, sjekao, nikad se nije zaustavljao da se odmori.

Se lanzó y saltó tan rápido que sus flechas no pudieron tocarlo.

Skočio je i trzao tako brzo da ga njihove strijele nisu mogle dotaknuti.

Los Yeehats estaban atrapados en su propio pánico y confusión.

Yeehati su bili uhvaćeni u vlastitoj panici i zbunjenosti.

Sus flechas no alcanzaron a Buck y se alcanzaron entre sí.

Njihove su strijele promašile Bucka i umjesto toga pogodile jedna drugu.

Un joven le lanzó una lanza a Buck y golpeó a otro hombre.

Jedan mladić bacio je koplje na Bucka i pogodio drugog čovjeka.

La lanza le atravesó el pecho y la punta le atravesó la espalda.

Koplje mu je probilo prsa, a vrh mu je probio leđa.

El terror se apoderó de los Yeehats y se retiraron por completo.

Teror je obuzeo Yeehatse i oni su se počeli potpuno povlačiti.

Gritaron al Espíritu Maligno y huyeron hacia las sombras del bosque.

Vrištali su od Zlog Duha i pobjegli u šumske sjene.

En verdad, Buck era como un demonio mientras perseguía a los Yeehats.

Uistinu, Buck je bio poput demona dok je progonio Yeehatse.

Él los persiguió a través del bosque, derribándolos como si fueran ciervos.

Jurnuo je za njima kroz šumu, obarajući ih poput jelena.

Se convirtió en un día de destino y terror para los asustados Yeehats.

To je postao dan sudbine i terora za prestrašene Yeehate.

Se dispersaron por toda la tierra, huyendo lejos en todas direcciones.

Razbježali su se po zemlji, bježeći daleko u svim smjerovima.

Pasó una semana entera antes de que los últimos supervivientes se reunieran en un valle.

Prošao je cijeli tjedan prije nego što su se posljednji preživjeli sreli u dolini.

Sólo entonces contaron sus pérdidas y hablaron de lo sucedido.

Tek tada su prebrojali svoje gubitke i govorili o tome što se dogodilo.

Buck, después de cansarse de la persecución, regresó al campamento en ruinas.

Buck se, nakon što se umorio od potjere, vratio u razoreni logor.

Encontró a Pete, todavía en sus mantas, muerto en el primer ataque.

Pronašao je Petea, još uvijek u pokrivačima, ubijenog u prvom napadu.

Las señales de la última lucha de Thornton estaban marcadas en la tierra cercana.

Znakovi Thorntonove posljednje borbe bili su vidljivi u obližnjoj zemlji.

Buck siguió cada rastro, olfateando cada marca hasta un punto final.

Buck je pratio svaki trag, njuškajući svaki znak do konačne točke.

En el borde de un estanque profundo, encontró al fiel Skeet, tumbado inmóvil.

Na rubu dubokog bazena pronašao je vjernog Skeeta kako mirno leži.

La cabeza y las patas delanteras de Skeet estaban en el agua, inmóviles por la muerte.

Skeetova glava i prednje šape bile su u vodi, nepomične u smrti.

La piscina estaba fangosa y contaminada por el agua que salía de las compuertas.

Bazen je bio blatnjav i zaprljan otpadnim vodama iz odvodnih kutija.

Su superficie nublada ocultaba lo que había debajo, pero Buck sabía la verdad.

Njegova oblačna površina skrivala je ono što se krije ispod, ali Buck je znao istinu.

Siguió el rastro del olor de Thornton hasta la piscina, pero el olor no lo condujo a ningún otro lugar.

Pratio je Thorntonov miris u bazen - ali miris ga nije vodio nikamo drugdje.

No había ningún olor que indicara que salía, solo el silencio de las aguas profundas.

Nije se širio nikakav miris - samo tišina duboke vode.

Buck permaneció todo el día cerca de la piscina, paseando de un lado a otro del campamento con tristeza.

Cijeli dan Buck je ostao blizu bazena, tužno koračajući po logoru.

Vagaba inquieto o permanecía sentado en silencio, perdido en pesados pensamientos.

Nemirno je lutao ili sjedio u tišini, izgubljen u teškim mislima.

Él conocía la muerte; el fin de la vida; la desaparición de todo movimiento.

Poznavao je smrt; kraj života; nestanak svakog kretanja.

Comprendió que John Thornton se había ido y que nunca regresaría.

Shvatio je da je John Thornton otišao i da se nikada neće vratiti.

La pérdida dejó en él un vacío que palpitaba como el hambre.

Gubitak je u njemu ostavio prazninu koja je pulsirala poput gladi.

Pero ésta era un hambre que la comida no podía calmar, por mucho que comiera.

Ali to je bila glad koju hrana nije mogla utažiti, bez obzira koliko je jeo.

A veces, mientras miraba a los Yeehats muertos, el dolor se desvanecía.

Ponekad, dok je gledao mrtve Yeehate, bol bi izblijedjela.

Y entonces un orgullo extraño surgió dentro de él, feroz y completo.

A onda se u njemu pojavio čudan ponos, žestok i potpun.

Había matado al hombre, la presa más alta y peligrosa de todas.

Ubio je čovjeka, što je bila najviša i najopasnija divljač od svih.

Había matado desafiando la antigua ley del garrote y el colmillo.

Ubio je prkoseći drevnom zakonu toljage i očnjaka.

Buck olió sus cuerpos sin vida, curioso y pensativo.

Buck je znatiželjno i zamišljeno njušio njihova beživotna tijela.

Habían muerto con tanta facilidad, mucho más fácil que un husky en una pelea.

Umrli su tako lako - puno lakše nego haski u borbi.

Sin sus armas, no tenían verdadera fuerza ni representaban una amenaza.

Bez oružja, nisu imali istinsku snagu ni prijetnju.

Buck nunca volvería a temerles, a menos que estuvieran armados.

Buck ih se više nikada neće bojati, osim ako ne budu naoružani.

Sólo tenía cuidado cuando llevaban garrotes, lanzas o flechas.

Samo kad bi nosili toljage, koplja ili strijele, bio bi oprezan.

Cayó la noche y la luna llena se elevó por encima de las copas de los árboles.

Pala je noć, a pun mjesec se uzdigao visoko iznad vrhova drveća.

La pálida luz de la luna bañaba la tierra con un resplandor suave y fantasmal, como el del día.

Blijeda mjesečeva svjetlost obasjavala je zemlju blagim, sablasnim sjajem poput dana.

A medida que la noche avanzaba, Buck seguía de luto junto al estanque silencioso.

Dok je noć postajala sve dublja, Buck je i dalje tugovao uz tihi bazen.

Entonces se dio cuenta de que había un movimiento diferente en el bosque.

Tada je postao svjestan drugačijeg komešanja u šumi.

El movimiento no provenía de los Yeehats, sino de algo más antiguo y más profundo.

Uzbuđenje nije dolazilo od Yeehatsa, već od nečeg starijeg i dubljeg.

Se puso de pie, con las orejas levantadas y la nariz palpando la brisa con cuidado.

Ustao je, podigao uši, pažljivo provjeravajući povjetarac nosom.

Desde lejos llegó un grito débil y agudo que rompió el silencio.

Iz daljine se začuo slab, oštar krik koji je probio tišinu.

Luego, un coro de gritos similares siguió de cerca al primero.

Zatim se odmah iza prvog začuo zbor sličnih krikova.

El sonido se acercaba cada vez más y se hacía más fuerte a cada momento que pasaba.

Zvuk se približavao, postajao je sve glasniji sa svakim trenutkom.

Buck conocía ese grito: venía de ese otro mundo en su memoria.

Buck je poznavao ovaj krik - dolazio je iz onog drugog svijeta u njegovom sjećanju.

Caminó hasta el centro del espacio abierto y escuchó atentamente.

Hodao je do središta otvorenog prostora i pažljivo slušao.

El llamado resonó, múltiple y más poderoso que nunca.

Poziv se začuo, mnogoglasan i snažniji nego ikad.

Y ahora, más que nunca, Buck estaba listo para responder a su llamado.

I sada, više nego ikad prije, Buck je bio spreman odazvati se svom pozivu.

John Thornton había muerto y ya no tenía ningún vínculo con el hombre.

John Thornton je bio mrtav i u njemu nije ostala nikakva veza s čovjekom.

El hombre y todos sus derechos humanos habían desaparecido: él era libre por fin.

Čovjek i svi ljudski zahtjevi su nestali - napokon je bio slobodan.

La manada de lobos estaba persiguiendo carne como lo hicieron alguna vez los Yeehats.

Čopor vukova je jurio meso kao što su to nekad činili Yeehatsi.

Habían seguido a los alces desde las tierras boscosas.

Pratili su losove iz šumovitih krajeva.

Ahora, salvajes y hambrientos de presa, cruzaron hacia su valle.

Sada, divlji i gladni plijena, prešli su u njegovu dolinu.

Llegaron al claro iluminado por la luna, fluyendo como agua plateada.

Ušli su na mjesečinom obasjanu čistinu, tekući poput srebrne vode.

Buck permaneció quieto en el centro, inmóvil y esperándolos.

Buck je stajao nepomično u sredini i čekao ih.

Su tranquila y gran presencia dejó a la manada en un breve silencio.

Njegova mirna, velika prisutnost zapanjila je čopor u kratku tišinu.

Entonces el lobo más atrevido saltó hacia él sin dudarlo.

Tada je najhrabriji vuk bez oklijevanja skočio ravno na njega.

Buck atacó rápidamente y rompió el cuello del lobo de un solo golpe.

Buck je brzo udario i slomio vuku vrat jednim udarcem.

Se quedó inmóvil nuevamente mientras el lobo moribundo se retorcía detrás de él.

Ponovno je nepomično stajao dok se umirući vuk izvijao iza njega.

Tres lobos más atacaron rápidamente, uno tras otro.

Još tri vuka su brzo napala, jedan za drugim.

Todos retrocedieron sangrando, con la garganta o los hombros destrozados.

Svaki se povlačio krvareći, s prerezanim grlima ili ramenima.

Eso fue suficiente para que toda la manada se lanzara a una carga salvaje.

To je bilo dovoljno da cijeli čopor pokrene na divlji juriš.

Se precipitaron juntos, demasiado ansiosos y apiñados para golpear bien.

Jurnuli su zajedno, previše nestrpljivi i nagurani da bi dobro udarili.

La velocidad y habilidad de Buck le permitieron mantenerse por delante del ataque.

Buckova brzina i vještina omogućili su mu da ostane ispred napada.

Giró sobre sus patas traseras, chasqueando y golpeando en todas direcciones.

Vrtio se na stražnjim nogama, škljocajući i udarajući u svim smjerovima.

Para los lobos, esto parecía como si su defensa nunca se abriera ni flaqueara.

Vukovima se činilo kao da se njegova obrana nikada nije otvorila niti posustala.

Se giró y atacó tan rápido que no pudieron alcanzarlo.

Okrenuo se i zamahnuo tako brzo da mu nisu mogli doći iza leđa.

Sin embargo, su número le obligó a ceder terreno y retroceder.

Unatoč tome, njihov broj ga je prisilio da odustane i povuče se.

Pasó junto a la piscina y bajó al lecho rocoso del arroyo.

Prošao je pored bazena i spustio se u kamenito korito potoka.

Allí se topó con un empinado banco de grava y tierra.

Tamo je naišao na strmu obalu od šljunka i zemlje.

Se metió en un rincón cortado durante la antigua excavación de los mineros.

Ušao je u kutni zasječen tijekom starog kopanja rudara.

Ahora, protegido por tres lados, Buck se enfrentaba únicamente al lobo frontal.

Sada, zaštićen s tri strane, Buck se suočavao samo s prednjim vukom.

Allí se mantuvo a raya, listo para la siguiente ola de asalto.

Tamo je stajao u zaljevu, spreman za sljedeći val napada.

Buck se mantuvo firme con tanta fiereza que los lobos retrocedieron.

Buck je tako žestoko držao svoj položaj da su se vukovi povukli.

Después de media hora, estaban agotados y visiblemente derrotados.

Nakon pola sata bili su iscrpljeni i vidno poraženi.

Sus lenguas colgaban y sus colmillos blancos brillaban a la luz de la luna.

Jezici su im visjeli, a bijeli očnjaci su im sjali na mjesečini.

Algunos lobos se tumbaron, con la cabeza levantada y las orejas apuntando hacia Buck.

Neki vukovi su legli, podignutih glava, naćuljenih ušiju prema Bucku.

Otros permanecieron inmóviles, alertas y observando cada uno de sus movimientos.

Drugi su stajali mirno, budni i pratili svaki njegov pokret.

Algunos se acercaron a la piscina y bebieron agua fría.

Nekoliko ih je otišlo do bazena i pilo hladnu vodu.

Entonces un lobo gris, largo y delgado, se acercó sigilosamente.

Zatim se jedan dugi, mršavi sivi vuk nježno prišuljao naprijed.

Buck lo reconoció: era el hermano salvaje de antes.

Buck ga je prepoznao - bio je to onaj divlji brat od prije.

El lobo gris gimió suavemente y Buck respondió con un gemido.

Sivi vuk je tiho cvilio, a Buck je odgovorio cvilenjem.

Se tocaron las narices, en silencio y sin amenaza ni miedo.

Dodirnuli su se nosovima, tiho i bez prijetnje ili straha.

Luego vino un lobo más viejo, demacrado y lleno de cicatrices por muchas batallas.

Zatim je došao stariji vuk, mršav i izbrazdane ožiljcima od mnogih bitaka.

Buck empezó a gruñir, pero se detuvo y olió la nariz del viejo lobo.

Buck je počeo režati, ali je zastao i ponjušio nos starog vuka.

El viejo se sentó, levantó la nariz y aulló a la luna.

Starac je sjeo, podigao nos i zavijao na mjesec.

El resto de la manada se sentó y se unió al largo aullido.

Ostatak čopora sjeo je i pridružio se dugom zavijanju.

Y ahora el llamado llegó a Buck, inconfundible y fuerte.

I sada je Bucku stigao poziv, nepogrešiv i snažan.

Se sentó, levantó la cabeza y aulló con los demás.

Sjeo je, podigao glavu i zavijao s ostalima.

Cuando terminaron los aullidos, Buck salió de su refugio rocoso.

Kad je zavijanje prestalo, Buck je izašao iz svog kamenitog skloništa.

La manada se cerró a su alrededor, olfateando con amabilidad y cautela.

Čopor se okružio oko njega, njuškajući istovremeno ljubazno i oprezno.

Entonces los líderes dieron un grito y salieron corriendo hacia el bosque.

Tada su vođe kriknule i odjurile u šumu.

Los demás lobos los siguieron, aullando a coro, salvajes y rápidos en la noche.

Ostali vukovi su ih slijedili, lajući u zboru, divlje i brzo u noći.

Buck corrió con ellos, al lado de su hermano salvaje, aullando mientras corría.

Buck je trčao s njima, uz svog divljeg brata, zavijajući dok je trčao.

Aquí la historia de Buck llega bien a su fin.

Ovdje priča o Bucku dobro dolazi do svog kraja.

En los años siguientes, los Yeehat notaron lobos extraños.

U godinama koje su uslijedile, Yeehati su primijetili čudne vukove.

Algunos tenían la cabeza y el hocico de color marrón y el pecho de color blanco.

Neki su imali smeđu boju na glavi i njušci, bijelu na prsima.

Pero aún más temían una figura fantasmal entre los lobos.

Ali još više su se bojali sablasne figure među vukovima.

Hablaban en susurros del Perro Fantasma, líder de la manada.

Šapatom su govorili o Psu Duhu, vođi čopora.

Este perro fantasma tenía más astucia que el cazador Yeehat más audaz.

Ovaj Pas Duh bio je lukaviji od najsmjelijeg lovca Yeehata.

El perro fantasma robó de los campamentos en pleno invierno y destrozó sus trampas.

Pas duh krao je iz logora usred duboke zime i rastrgao im zamke.

El perro fantasma mató a sus perros y escapó de sus flechas sin dejar rastro.

Pas duh ubio je njihove pse i izbjegao njihove strijele bez traga.

Incluso sus guerreros más valientes temían enfrentarse a este espíritu salvaje.

Čak su se i njihovi najhrabriji ratnici bojali suočiti s ovim divljim duhom.

No, la historia se vuelve aún más oscura a medida que pasan los años en la naturaleza.

Ne, priča postaje još mračnija, kako godine prolaze u divljini.

Algunos cazadores desaparecen y nunca regresan a sus campamentos distantes.

Neki lovci nestanu i nikada se ne vrate u svoje udaljene logore.

Otros aparecen con la garganta abierta, muertos en la nieve.

Drugi su pronađeni s razderanim grlima, ubijeni u snijegu.

Alrededor de sus cuerpos hay huellas más grandes que las que cualquier lobo podría dejar.

Oko njihovih tijela su tragovi - veći od onih koje bi mogao napraviti bilo koji vuk.

Cada otoño, los Yeehats siguen el rastro del alce.

Svake jeseni, Yeehati prate trag losa.

Pero evitan un valle con el miedo grabado en lo profundo de sus corazones.

Ali jednu dolinu izbjegavaju sa strahom urezanim duboko u njihova srca.

Dicen que el valle fue elegido por el Espíritu Maligno para vivir.

Kažu da je dolinu odabrao Zli Duh za svoj dom.

Y cuando se cuenta la historia, algunas mujeres lloran junto al fuego.

I kad se priča ispriča, neke žene plaču pokraj vatre.

Pero en verano, un visitante llega a ese tranquilo valle sagrado.

Ali ljeti, jedan posjetitelj dolazi u tu tihu, svetu dolinu.

Los Yeehats no saben de él, ni tampoco pueden entenderlo.

Yeehati ga ne poznaju, niti bi ga mogli razumjeti.

El lobo es grande, revestido de gloria, como ningún otro de su especie.

Vuk je velik, odjeven u slavu, kao nijedan drugi u svojoj vrsti.

Él solo cruza el bosque verde y entra en el claro.

On sam prelazi preko zelene šume i ulazi na šumsku čistinu.

Allí, el polvo dorado de los sacos de piel de alce se filtra en el suelo.

Tamo se zlatna prašina iz vreća od losove kože probija u tlo.

La hierba y las hojas viejas han ocultado el amarillo al sol.

Trava i staro lišće sakrili su žutu boju od sunca.

Aquí, el lobo permanece en silencio, pensando y recordando.

Ovdje vuk stoji u tišini, razmišlja i sjeća se.

Aúlla una vez, largo y triste, antes de darse la vuelta para irse.

Zavija jednom - dugo i žalosno - prije nego što se okrene da ode.

Pero no siempre está solo en la tierra del frío y la nieve.

Ipak, nije uvijek sam u zemlji hladnoće i snijega.

Cuando las largas noches de invierno descienden sobre los valles inferiores.

Kad se duge zimske noći spuste na niže doline.

Cuando los lobos persiguen a la presa a través de la luz de la luna y las heladas.

Kad vukovi prate divljač kroz mjesečinu i mraz.

Luego corre a la cabeza del grupo, saltando alto y salvajemente.

Zatim trči na čelu čopora, skačući visoko i divlje.

Su figura se eleva sobre las demás y su garganta está llena de canciones.

Njegov oblik nadvisuje ostale, grlo mu je živo od pjesme.

Es la canción del mundo más joven, la voz de la manada.

To je pjesma mlađeg svijeta, glas čopora.

Canta mientras corre: fuerte, libre y eternamente salvaje.

Pjeva dok trči - snažan, slobodan i zauvijek divlji.

www.ingramcontent.com/pod-product-compliance
Lightning Source LLC
Chambersburg PA
CBHW011732020426
42333CB00024B/2846